# 知っておきたい
# 環太平洋の言語と文化

**神田外語大学=編**

◉カナダ

◉アメリカ合衆国

◉メキシコ合衆国

◉ユカタン半島とカリブ海域

◉グアテマラ共和国

◉ブラジル連邦共和国

◉ペルー共和国

◉チリ共和国

◉オーストラリア連邦

◉インドネシア共和国

◉タイ王国

◉ベトナム社会主義共和国

◉中華人民共和国

◉大韓民国

◉日本

神田外語大学出版局

# まえがき

　今，環太平洋パートナーシップ（TPP）協定に大きな注目が集まっています。その動向が日本経済に及ぼす影響が計り知れないからです。この大がかりな経済協定には12か国が参加する予定ですが，太平洋を越えたこのような交易・交流は今に始まったことではありません。有史以来，というと大袈裟かもしれませんが，かなり前から，人々は目の前の大海原の先を見ていました。

　日本の場合，その歴史を振り返ると，古くから朝鮮半島との間には交易があり，鍛冶職人や製陶職人が日本に帰化した時代がありましたし，それより遙か昔，日本原産の黒曜石が朝鮮半島にもたらされていたという報告もあります。歴史の教科書に出てくるお馴染みの『魏志』倭人伝からは，日本と中国大陸との関係が少なくとも邪馬台国の時代からあったことが分かります。中国大陸との関係で言えば，漢字が日本に伝えられたことは大きな出来事でした。このことにより，ひらがなやカタカナが生まれ，現在の日本語の文字体系が作り上げられることになったからです。

　近世になり南蛮貿易が盛んになると，大航海時代とも重なり，ポルトガルやスペインから「カッパ」「カステ

ラ」「パン」「シャボン」など，多数のものと言葉が日本に入ってきます。

　江戸時代に入ると，人々の目はさらに外へと広がっていきます。外国との交易を求め，多くの商人が海を渡って行きました。朱印船貿易が盛んになり，その結果，ベトナムなどの東南アジアの各地に「日本人町」と呼ばれる町ができてゆきます。なかでも山田長政がアユタヤ朝（現在のタイ）の王室で活躍したことは有名です。

　人々が向けた視線はアジアだけには留まりませんでした。スペイン領のメキシコに通商を求めて田中勝助（しょうすけ）を派遣したり，仙台藩主・伊達政宗の家臣である支倉常長がローマに向かう途中にキューバに立ち寄るなど，太平洋の対岸にまで交流を広げてゆきました。また，南米原産のジャガイモは，インドネシアのジャカルタ（ジャガタラ）経由で日本に伝わったと言われています。

　アメリカとの通商は幕末から始まります。特に戦後になると，先進国アメリカからは日本にはなかったものが，それを表す言葉とともに流れ込んできました。現在のカタカナ語時代の到来です。一方で，日本発祥の「カラオケ」が英語（karaoke）になったり，インド発祥の仏教が日本を経由してアメリカに伝わったり，また近年では，紅白歌合戦がアメリカでも開催されるなど，日本から太平洋を越えていった言葉や文化も数多くあります。

　さらに，地球のほぼ反対側にあるブラジルには，最初

の移民船「笠戸丸」から始まり，戦前・戦後を合わせて約25万人もの日本人が太平洋を越えて移住しました。今では6世も誕生し，約160万人を擁する世界最大の日系社会がこの地に築かれています。

\*

「シルクロード」といえば，中国大陸とヨーロッパを結ぶ交易路のことですが，これと同じように「海のシルクロード」が海上には多数ありました。オランダやスペインの大航海時代を彷彿とさせる言葉ですが，古くから太平洋にもこのような「海の路」がいくつもあったのです。主たる目的は交易でしたが，人と人とが触れあうことにより，当然のこととして異言語や異文化との接触が生まれてきます。交易をスムーズに運ぶためにも，この異言語・異文化を，まずは理解することが求められます。人と人との相互の理解なしには，その先へとは進めないからです。

\*

神田外語大学は，まもなく創立30周年を迎えます。歴史のある大学からみればまだ若い大学ですが，その建学の理念は「言葉は世界をつなぐ平和の礎（いしずえ）」です。それは言葉を通じて世界中の人々が理解し尊重しあう，平和な世の中の実現にあります。その目的のため，本学では特に，アジアや英語圏だけではなく，イベロアメリカ言語学科を置き，中央アメリカや南米大陸をも含め，広

く環太平洋をフィールドとした「言語と文化」の研究・教育を柱としてきました。このような基盤の上に立ち，建学30年を機に，環太平洋の国と地域の「言語と文化」を紹介する本書が企画されました。

環太平洋を巡る旅は北米大陸のカナダからスタートします。その後，時計回りにアメリカへと南下し，スペイン語圏のメキシコ，カリブ海域，グアテマラと続きます。ここで太平洋を突き抜けブラジルに立ち寄り，ペルー，チリと回ります。次に現在，日本企業主導で街作りが進められているオーストラリアを経由しインドネシアへと渡ります。タイ，ベトナム，中国とアジアを北上し，隣国の韓国を経て最後は日本です。いずれも事典風に紹介していますので，興味に応じてどこからでもお読みいただけます。各国・地域とも「言語文化」と執筆者が現地での経験を綴った「フィールド・ノート」の2本立てです。また，写真を豊富に掲載しましたので，目でも楽しめるものになっているのではないでしょうか。

未知の言語や文化に関心のある方はもちろんですが，若い方々には本書を通して是非とも異言語体験，異文化体験をしていただければと願う次第です。

2016年4月1日

神田外語大学学長

酒井邦弥

知っておきたい
環太平洋の言語と文化

## ◆目次◆

まえがき・・・iii

＊

01・カナダ／002
02・アメリカ合衆国／012
03・メキシコ合衆国／022
04・ユカタン半島とカリブ海域／032
05・グアテマラ共和国／042
06・ブラジル連邦共和国／052
07・ペルー共和国／062
08・チリ共和国／072
09・オーストラリア連邦／082
10・インドネシア共和国／092
11・タイ王国／102
12・ベトナム社会主義共和国／112
13・中華人民共和国／122
14・大韓民国／132
15・日本／142

＊

執筆者一覧・・・152

知っておきたい
環太平洋の言語と文化

# 01

# カナダ
*Canada*

### ◆ 言語事情 ◆

カナダは10州と3準州からなる連邦国家です。公用語は英語とフランス語で，ケベック州がフランス語圏，ほかは事実上の英語圏です。国民約3,500万人のうち3分の2が英語系, 約20％がフランス語系です。年間約25万人の移民を受け入れているため，都市部を中心に多文化・多言語化が加速しています。

## 言語文化

　英語はカナダの公用語の1つですが，イギリス英語やアメリカ英語とはどのような違いがあるのでしょうか。大学の授業でカナダ英語についてアンケート調査をしたところ，「アメリカ英語に似ている」，「イギリス英語に似ている」，「アメリカ英語とイギリス英語の中間」など，バラバラな回答が出ました。一体どれが本当なのでしょうか。

## ▶「アメリカ英語に似ている」カナダ英語

たとえば car という語は，イギリス英語の標準発音では日本語の「カー」とほぼ同じですが，カナダ英語は，アメリカ英語と同じように，母音のあとの r を発音します。また，b<u>a</u>th や <u>a</u>sk の母音については，イギリス標準発音は［ɑː］ですが，これもカナダ英語はアメリカ英語と同じ［æ］です。「アメリカ英語に似ている」と思う人は，発音の面では正しい，ということができます。実際，アメリカ人とカナダ人ですら，アメリカ英語とカナダ英語を聞き分けられないくらいです。

## ▶「イギリス英語とアメリカ英語の中間」のカナダ英語

語彙の面では，カナダ英語の生活用語のほとんどはアメリカ英語と同じです。例えば，「ゴミ」と「ガソリン」はアメリカ英語とカナダ英語では garbage と gas (gasoline)，イギリス英語では rubbish と petrol になります。他方で，カナダはイギリスの政治制度に倣っているため，イギリス英語の政治用語が使用されます。また，一部の生活用語でイギリス英語と同じものもあり，アメリカ英語とイギリス英語の両方が使われるものもあります。例をあげれば，「旅行鞄」と「(レストランでの) お勘定」は，アメリカ英語で優勢な baggage と check のほか，イギリス英語の luggage と bill も使われます。若い世代はアメリカ英語の方を使う傾向があります。「アメ

リカ英語とイギリス英語の中間」と思う人は，語彙の面ではある程度正しい，といえましょう。

## ▶「イギリス英語に似ている」カナダ英語

綴り字の面では，アメリカ式とイギリス式で綴り字が異なる場合，カナダ英語では多くの場合，イギリス式の綴り字を使っています。例えば，アメリカ英語の color や defense の綴り字は，カナダ英語ではイギリス英語と同じ colour と defence となります。「イギリス英語に似ている」と思う人は綴り字の面ではある程度正しい，といえましょう。

## ▶ カナダ英語らしい英語

カナダ特有の語や表現もあります。例えば，カナダの伝統的な「そり」は toboggan です。hydro は「水道」のことだと思うかもしれませんが，カナダでは「電気」の意味です。カナダの電力はほとんど水力発電だからです。

カナダ人のアイデンティティを象徴する表現として eh という間投詞がよく挙げられます。例えば「いい天気ですね。」と言う場合，通常，"It's a nice day, isn't it?" と付加疑問文で言うところ，カナダ人は "It's a nice day, eh?" という言い方をよくします。

## ▶ フランス人もビックリ！？ケベック州のフランス語

カナダのフランス語圏ケベック州を初めて訪れるフランス人は，街角でよく見かけるdépanneurという看板に驚きます。これは「コンビニ」（英語ではconvenience store）のことです。フランスでは，日本や北アメリカにあるようなコンビニはありませんが，それに似たような店をsuperetteということがあります。フランスでdépanneurと言えば「修理工」のことです。

また，フランスよりもフランス的な言い方があることにフランス人は驚きます。例えば「(公共の) 駐車場」のことをフランスでは英語のparkingを使いますが，ケベックではstationner「駐車する」というフランス語の動詞から派生したstationnementという名詞を使います。

他にも標準フランス語で「エレベーター」はascenseurと言いますが，ケベック州のフランス語では英語のelevatorという語が干渉し，élévateurという語が使われてきました。また，"Merci."（「ありがとう」）に対

「コンビニ」の看板

「駐車場」の看板

する受け答え「どういたしまして」は，従来，ケベック州では"Bienvenue."と言ってきました。標準フランス語では「どういたしまして」は"Je vous en prie."あるいは"De rien."などと言い，"Bienvenue."は「ようこそいらっしゃいました」という歓迎の意味になります。ケベックの"Bienvenue."は実は英語なのです。Bienはwell，venueはcome ── つまり，英語の"You're welcome."がそのまま直訳されているのです。

しかし，1960年代以降，フランス語の質を向上させる言語政策の施行により，英語の影響を受けたélévateurや"Bienvenue."といった表現は，若い世代を中心に聞かれなくなりました。

## ▶「ホットドッグ」はフランス語でどう言う？

Hotdogは，日本では英語をそのままカタカナにした「ホットドッグ」，フランスでも英語と同じhotdogを使います（しかし，フランス人はhを発音せず，「オッドッグ」のように発音します）。他方で，従来，ケベック州では「熱い」をchaud，「犬」をchienと，それぞれフランス語に直訳し，その両者を足して"chien chaud"と言ってきました。しかし，近年，"chien chaud"は国際的に見て変だという風潮があり，英語のhotdogを使う傾向が強まっています。モントリオールの街角で，こうした状況を風刺したホットドッグ・スタンドを見つけました。

フランス語と英語を混ぜた"chaud dogs"。これもカナダならではの表現でしょうか。

もう1つ食べ物の例をあげれば,「ポップコーン」はフ

**ホットドッグ・スタンド**

ランスでは英語の popcorn を使っているのに対し,ケベックでは"maïs éclatés"と言っています。これも英語の直訳で,maïs は corn「トウモロコシ」,éclatés は pop「はじけた」という意味です。

### ▶ "Pardon me?" よりも "I'm sorry?"

東洋人がチャイナタウンのレストランに入れば,まず中国語で応対され,分からないそぶりを見せれば,英語に切り替えてくれます。しかし,中華系の店員の英語は中国語の訛りが強く,慣れていないと聞きにくいかもしれません。中華系の人々は,中国語諸語の発音の干渉で,いわゆる有声音と無声音を区別せず,二重母音(あるいは長母音)を単母音で発音する傾向があります。一例をあげれば,egg と ache が同じ [ek] と発音されます。

これほど多くの移民が世界中から流入しているため,英語を母語としない人たちの英語がカナダでますます聞かれるようになっています。外国語訛りのある英語に対し,生粋のカナダ人の態度は様々ですが,カナダの言語

学関係者の間でよく指摘されるのは，カナダ人はアメリカ人に比べて，言語的寛容度 (linguistic tolerance) が高い，ということです。生粋のアメリカ人が外国語なまりの英語を聞いた場合，高圧的な調子で"Pardon me?"という反応が返ってくることが多いです。それはあたかも，「ちゃんとした英語をしゃべってよ」とでも言いたそうな言い方です。しかし，カナダではそのような反応にはあまり遭遇しません。むしろ，"I'm sorry?"とすまなそうに言う傾向があります。これは，「すみませんが，ちょっと聞き取れませんでしたので，もう一度お願いできますか」といったニュアンスです。

カナダ生まれの移民2世，あるいは幼い時にカナダに移民した人たちは，主流派のカナダ人と同じカナダ英語を話しますが，成人した後に移民した人々は「お国訛り」をなかなか払拭できません。訛りのある英語に慣れ，許容する —— これが，移民受け入れ国カナダで暮らす人々に特徴的な態度だといえましょう。

## フィールド・ノート

### ▶ "Hello, bonjour!" か "Bonjour, hello!" か

カナダの首都オタワの政府機関の窓口では，"Hello, bonjour!"と英語とフランス語で挨拶されます。カウン

ターには"English / Français"と書かれたサインが置かれ，オタワの国家公務員は両公用語で国民に対応することになっています。政府機関内での公務員同士のコミュニケーションでは，英語とフランス語を混ぜながら話す，いわゆる「コード・スイッチング」という言語現象も観察されます。例えば，"Did you get the message *que je t'ai envoyé hier?*"という話し方。「昨日，君に送ったメッセージ，見た？」という意味ですが，英語で話し始め，途中からフランス語に切り替えています。

　首都オタワでは，屋外の政府機関の看板や道路標識や交通標識もすべて英語とフランス語で併記され，カナダには2つの公用語があることがアピールされています。カナダで売られている商品には両公用語による表記が義務付けられています。郵便局や税務署，国立公園などの公共の場に行けば，両公用語で書かれた看板や掲示板が目に飛び込んできます。空港，主要な鉄道の駅，カナダの航空会社の機内でも，両公用語で掲示板などが書かれ，アナウンスもバイリンガルです。これはカナダの国家的なバイリンガル政策の現れなのです。

**オタワの連邦議会前の広場にあるバイリンガル標識**

　面白いことに，英語圏の州とケベック州で

**ケベック州で売られている商品
（フランス語が先）**

は，両公用語の順番が違うのです。国家公務員の挨拶は，英語州では"Hello, bonjour!"，ケベック州では"Bonjour, hello!"というふうに，その州の多数派の言語が先に発せられます。また，商品に関しては，ケベック州で売られる商品はフランス語の表記が先，その他の州で売られる商品には英語の表記が先に書かれています。商品のなかには，片側が英語表記，反対側がフランス語表記，という商品もあります。その場合，店の棚に並べてある商品は，ケベック州ではフランス語面が，その他の州では英語面が表を向いています。

## ▶「ホンクーバー」って何のこと

　英語圏を代表する都市では，社会の共通語は英語で，フランス語を話せる人はほとんどいません。トロントやバンクーバーなどでは，むしろ，中国語など移民の言葉が飛び交っています。チャイナタウンに行けば，お店の看板にはフランス語などどこにもなく，英語よりも中国語の方が目立ちます。1990年代より香港からの移民が急増したバンクーバーは，VancouverとHong Kongをもじって「ホンクーバー」(Hongcouver)と言われるほど，

中華系の人々で賑わっています。

トロントの地下鉄に乗って車内を見渡すと，白人があまりいないという光景をみることがよくあります。カナダでは，中華系や韓国系などの東アジア系，

**イスラム系の女性たち**

ターバンを巻いたインド系，スカーフを被ったアラブ系など，白人ではない人々のことを「ビジブル・マイノリティ」(visible minority)，つまり「目に見える少数派」という言い方をします。ビジブル・マイノリティは，トロントとバンクーバーでは，市の人口の約半分に到達する勢いで増加しています。また，最新の国勢調査では，カナダ総人口の20％以上が外国生まれ，という結果が出ています。現在，毎年カナダが受け入れる約25万人もの移民のうち，約半分がアジアからやってきます。カナダは，1867年の建国当時は，その国民のほとんどが建国2大民族であるイギリス系とフランス系でしたが，1971年に「多文化主義政策」を国是として採用して以来，徐々に「多文化・多言語」が共存する国へと変容してきました。今では，トロントの地下鉄などの公共交通機関は80以上の言語による多言語サービスを提供しています。

（矢頭典枝）

# アメリカ合衆国
*United States of America*

◆ 言 語 事 情 ◆

アメリカ合衆国は，50（本土は48）の州と連邦区からなる連邦共和国です。国民3億の約8割が白人，1割弱が黒人，そのほかヒスパニック系，アジア系などと多数の人種・民族が共生するため，英語の発音や話法なども強い影響を受け，様々な英語が話されています。

アラスカ，ハワイ，グアムは除く

## 言 語 文 化

### ▶ たかが名前，されど名前

　人間関係にもよりますが，基本的にはファーストネームで呼び合う習慣がアメリカにはあります。状況や場面にもよりますが，さほど年齢を気にせず互いをファーストネームで呼び合えるのは，日本人的な発想からすると考えられません。

　次の名前一覧をご覧ください。Alex, Bill, Chris, Dolly,

## 02 アメリカ合衆国

Emily, Fred...。列挙された名前にはある規則があります。なんだかお分かりですか。「a, b, c のアルファベット順に列挙されているファーストネームの例」との答えで満足されている方はいませんか。

実は，先ほどあげた Alex, Bill などの名前は，台風（ハリケーン，サイクロン）が発生したときに天気予報士が使用する台風の名称でした。日本では「台風1号」，「台風2号」と若干味気ないですが，アメリカの天気予報では"Hurricane Bill"とか"Hurricane Ellen"など，人の名前で気象現象を呼んでしまうのです。

それでは，次の名前一覧はいかがでしょうか。Allen, Barry, Carl, Davis, Eddy, Felix...。なんだ，またか，とおっしゃらずにお考えください。いずれも，さきほどと同じように，ファーストネームで，しかもアルファベット順に並べられています。

正解は，サンフランシスコ市の通り（street）の名前でした。サンフランシスコに限らず，アメリカの通りのすべてには名前がつけられていて，その多くに人の名前が使われています。ファーストネーム以外にも，開拓者だったり，ネイティブアメ

**人の名前がつけられた通り**

道路標識「段差あり」（左）と「横断歩道」（右）

リカンの名前だったりと，様々な名前が日常生活の中に自然な形で入り込んでいるのです。

　たかが名前，されど名前ですね。

## ▶ 短所は恥ずかしい？！

　面接試験は誰でも緊張するものです。自己アピールがうまくいくか，時には事前練習を欠かすことができません。面接中に受ける質問の1つに「あなたの長所（短所）は何ですか」"What is your strength (weakness)?" というものがよくあります。日本語での面接でも，英語でも，最頻出するのではないでしょうか。

　「謙遜」，「遠慮」を美徳とする日本人にとって，自分の長所を堂々と人前で口にするのは「恥ずかしい」とさえ感じるようです。一方，アメリカ人に「長所」を話させると，これほどすばらしい人にお目にかかったことがないくらいまで流暢に自分の長所を説明してくれます。「誇り」，「自信」などを善しとする国民には自己卑下は禁物です。もちろん，個人差もありますので，誰でも，

という訳ではありませんが……。

ところが，です。短所になると，日本の人は活き活きと次から次へという具合に，自分がいかに出来の悪い人間であるかを，しかも自信を持って（！）列挙することができるのに，アメリカ人に短所を説明させようとすると，日本人が長所を述べる時とほぼ同じようなしぐさをしながら，恥ずかしそうに話をします。言語，非言語，価値観などは密接に関連し合っていて，日米の違いが実に対照的に描き出される返答の1つです。

## ▶ シャイですので……

人前で話をするのはどうも苦手。私は，恥ずかしがり屋です。そんな時，つい"I'm shy."と言ってしまいがちですが，その使い方は誤解されやすいので気を付けた方がいいでしょう。

アメリカンフットボールはアメリカの国民的スポーツで，巨人とも言ってもいいくらいの大男らが身体と身体のぶつかり合いを通して，相手のゴールを目指します。ボールを持って走るランでも，クォーターバックがボールを投げるパスでも，相手ゴールの寸前で防御された時，解説者は"Just shy of a foot!"（「1フィート足りません！」フィートは約30cm）などと言います。

もうおわかりですね。shy of...で「～不足している」という意味。つまり，shy には，何かが不足している，

足りないというニュアンスがあります。"Shy away from..."だと，やりたくないことを避ける，ことで，おそらく「恥ずかしいので，人前で話すことなどやりたくない」ということを相手に伝えるために，"I'm shy."と日本人が言うようになったのではないかと考えられます。

　人前であまり話をしたがらないような性格を形容するには，どのように表現すればいいのでしょうか。その場合には，"I'm reserved."「控えめに話す」や"soft-spoken"「言葉づかいが穏やか」などと表現するのがいいでしょう。

### ▶ 蝶が胃の中に？！

　"Butterflies in my stomach." 人前で話をする時などに「緊張しています」という表現です。聞いているだけで，おなかがなんだか変な感じになってきそうです。"I'm shy."と同様，"I'm nervous."のnerveも誤解を招きがちな用語ですので，お気を付けください。

　それでは，次の設問をやってみましょう。動物を使った比喩表現です。右の日本語訳の意味になるように，a.～d.の選択肢の中から適切な単語を選んでください。

(1) as sick as a (　　　　)　　　病気だ
(2) eat like a (　　　　)　　　もりもり食べる
(3) talk (　　　　)　　　本気で話す
(4) work like a (　　　　)　　　せっせと働く

| a. horse | b. turkey | c. bee | d. dog |

正解は,

(1) as sick as a dog
(2) eat like a horse
(3) talk turkey
(4) work like a bee

でした。動物がかもしだすイメージは文化によってかなり違うとは思いませんか。馬が大食いだったり、ハチがよく働いたりすることぐらいはわかっても、「犬」=「病気」、「七面鳥」=「話す」という公式はなかなか導き出しにくいものです。動物でさえそのイメージを変えなければうまく会話もできませんね。

## ▶ 脚を引っ張るな？！

誤解を招きやすい表現として、人の身体の部位を使った慣用句があります。"Don't pull my leg."文字通りを直訳すると「私の脚を引っ張るな」で、日本語にある表現なので単純にそのままの意味をあてはめようとしてしまうと、見事に誤訳となります。英語の"pull one's leg"の意味は「からかう」で、「私のことをからかわないで」です。日本語と英語とで直訳が可能ならどんなに

理想的で簡単なコミュニケーションができるだろうか。そう思った方もいるはずです。

## フィールド・ノート

### ▶ 紅白歌合戦

　日本文化の海外での普及と言えば，それぞれの国に移民として移り住んだ日系人を抜きに語ることはできません。院生の頃にたずさわった質的研究として，コロラド州デンバー市ダウンタウンの一角にある「サクラスクエア」内の老人ホームにインタビューに行き，仏教会で週末におこなわれている説教にも参加しました。書物や論文からだけでは知ることができない日本文化の変容や日

伝馬（デンバー）仏教会で行われた「紅白歌合戦」

系人の素顔を知れた絶好の機会となりました。さらにその後，自らの中の日本人性とも言えることを思い出させてくれたのは，毎年，サクラスクエア内でおこなわれる「伝馬（デンバー）紅白歌合戦」を知り，はじめは出場者として，次の年は司会として参加したことです。日系人社会を内部から眺めることができた経験はとても有意義なものとなりました。

### ▶ 自分は何人？

「人種のるつぼ」と呼ばれるほどの多文化，多人種が認められるアメリカであることは広く知られていますが，そのような場所で生活しようとすると，自分は一体何人なのだろうかと常に自問自答していたように自らの経験を通して思い起されます。雇用のための応募書類には「あなたの人種（民族）は何ですか」との質問が用意されていることが多く，最近では細分化されてはいるようですが，自分はJapaneseと答えたくても，それが用意されていないことの方が多かった記憶があります。そもそも日本での生活では「あなたの人種（民族）は何？」と聞かれたり，自問自答することは滅多にないので，生活の中で人種や民族のことを考える習慣が自然に生まれました。

"Affirmative action"とは，人種（民族）などが原因となる社会的差別を生まないために，特に，雇用の際には

人種を問わないこととする，との方針を指します。人種を問わないのならまだしも，実はこの"Affirmative action"はさらに上をいき，社会的な平等を実現するために，人種間で頭数を合わせようとまでします。分かりやすい例が，TVコマーシャルです。コマーシャルに起用する俳優には白人系ばかりでなく，アフリカ系，ヒスパニック系，アジア系をそれぞれ1人ずつ採用させるようなことになっているので，同じコマーシャルなのに，複数の人種が平等に登場するなど，日常生活とは異なり不自然な映像が目に焼き付くことが頻繁にあります。

## ▶ 元祖イクメン？！

アメリカでの在住経験で私の唯一の自慢（？）は，留学生，父親，民間企業での就労，大学院教員という，生活する上での異なる複数の身分を一通り経験したことです。滞在に必要とされるビザもF-1，H-1B，そしていわゆるグリーンカードと言われるアメリカ永住権と変わりました。

それぞれの局面で様々な思い出があるのですが，その中でも強い印象に残っているのが，子育ての経験です。自分が男親ということもあり，強い印象として記憶に刻み込まれているのだと思います。女性，男性をはじめ，LGBT（同性愛者，両性愛者，性同一性障害などを含む性別越境者）という名称も用いられるほど複雑化しているジェンダー

ですが、そのような垣根を飛び越えて子育てが社会的に行なわれているのがアメリカだと思います。

友達との毎日の遊びだろうが、地域のスポーツ活動だろうが、学校のPTAや誕生日会といったイベントなどのすべてに、女性だろうが、男性だろうが、いっしょになって親として参加する。そして、参加するということは、言ってみれば、仕事があまりなかったり、こんなに夕方早くから家にいて子どもと遊んでいられるなどを意味し、伝統的な日本風に考えると、気の毒に思われても不思議ではないのに、それがたとえ事実であったとしても、何ら恥に思ったり、母親だけの中に父親がぽつんと参加していることを恥ずかしがったりする親をあまり見かけませんでした。心の中ではどのように感じていたかは別として、その気持ちを外見で表したり、話をしたりする人はいませんでした。

だからこそ、日本が政府や民間企業をあげて、「イクメン」と称して父親による子育てを推進し、その動きに乗せられたかのように、最近では週末になると、父親一色の公園を目にすることも珍しくなくなりました。日本社会は偉大だと感じる一方で、これが一過性のブームで終わるのではなく、せめて文化にまで成長してほしいものだと、なでしこジャパンの主将の言葉を借りて、この項を締めくくることにします。

(小坂貴志)

# 03

# メキシコ合衆国
*United Mexican States*

### ◆ 言 語 事 情 ◆

メキシコは，北はアメリカ合衆国，南はグアテマラと国境を接しています。公用語はスペイン語ですが，ナワトル語やマヤ語など，約60もの先住民言語が共存する多元文化国家です。面積は197万 km² で日本の約5倍，人口は約1億2,700万人（構成は，メスティソ（混血）60%，先住民30%，スペイン系9%，中国系や日系1%）です。

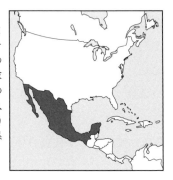

## 言 語 文 化

### ▶ メキシコ文化の系譜

　メキシコ中央部から中米北西部におよぶ地域はメソアメリカと呼ばれ，様々な古代文明が独自の言語文化を発展させてきました。紀元前にメキシコ湾岸に栄えた「母なる文化」オルメカが衰退の一途をたどる頃，メキシコ中央高原ではテオティワカン（Teotihuacán：ナワトル語で「神々の集う場所」の意味）文化が生まれ，やがてトルテカ

が台頭，14世紀以降にはアステカが勢力を拡大し君臨しました。現在のメキシコはまさにメソアメリカ文明が栄えた地域に成り立っているのです。

アメリカ大陸の先住民言語文化の影響を受けたスペイン語法をアメリカニスモ（americanismo）と言い，メキシコ独特なスペイン語をメヒカニスモ（mexicanismo）と呼びます。スペイン人が到来した当時，メキシコでは100種類以上の先住民言語が話されていたといわれ，現在でも50以上（一説には64言語）が話されています。話者数から見ると，ナワトル語（中央部），マヤ語（ユカタン半島），ミシュテカ語およびサポテカ語（南部），タラスコ語（中西部）などが代表的な言語としてあげられます。

## ▶ アステカの民の言葉

アステカ族の言語はナワトル語（náhuatl）です。ユト・アステカ語族に属するアステカ族は自らをメシーカ（mexica）と称し，国名（México メヒコと発音）の語源になっています。伝説によれば，守護神ウィツィロポチトリから「鷲がサボテンにとまって蛇を食べている土地を求めよ」との啓示を受け，200

**メキシコ国旗の紋章**

年にも及ぶ「遍歴の旅」に出ました。そしてたどり着いた先がメキシコ中央高原のテスココ湖畔で，湖上に浮かぶ島にテノチティトラン（Tenochtitlán：ナワトル語で「石のように堅いサボテンの地」の意味）を築きました。アステカ建国の神話の象徴サボテンと鷲と蛇はメキシコ国旗の紋章に描かれています。

　アステカ帝国が栄華を極めた当時，ナワトル語は中米地域まで広がり，部族間で共通語（リンガフランカ）の役割を果たしていました。現在なお最大規模を誇る先住民言語で，話者数は150万人に上るといわれます。

## ▶ メキシコ・スペイン語の特徴

　メキシコのスペイン語はナワトル語の影響による独特の文字と発音が特徴です。例えば，文字 x はふつう examen（エク<u>サ</u>メン：試験）のように［ks］（クス）と発音しますが，Oaxaca オア<u>ハ</u>カ（ナワトル語で「ヒョウタン畑の始まる所」の意味，メキシコ南東部の州）のように［x］（フ）や，mixiote ミ<u>シ</u>オテ（リュウゼツランの葉で包んで蒸した肉料理），<u>X</u>ochimilco ショチミルコ（ナワトル語で「花畑」の意味，メキシコシティー南東部にある水郷でテスココ湖の名残り。チナンパ耕作で有名）のように［ʃ］（シュ）という音にも対応します。また que<u>tz</u>al ケツァル（アステカやマヤで崇拝された神聖な鳥）の tz を［ts］（ツ）と発音します。さらに tl という綴り字は hui<u>tl</u>acoche ウイトラコチェ（トウモロコ

シに生える食用キノコ）や Popocatépetl ポポカテペ<u>ト</u>ル（標高 5,452m の活火山．ナワトル語で「煙を吐く山」の意味）など，食文化や地名に数多く見られます．

## ▶ メキシコ食文化に息づくナワトル語

　1492 年，コロンブスが西インド諸島に到達，旧世界と新世界が出会います．1521 年，エルナン・コルテスが率いるスペイン軍がアステカ帝国を滅ぼし，ヌエバ・エスパーニャ（Nueva España：新スペイン）と命名された植民地はペルー副王領と並んでスペイン領アメリカの中枢となりました．特筆すべきは，征服と植民のただ中にあっても先住民諸語，とりわけナワトル語は消滅することなく，スペイン語と融合し存続したことです．メキシコ先住民の言語文化は食文化で際立っています．なかでも欠かせないのがトウモロコシ（maíz：タイノ語 mahiz に由来）で，トルティージャ（tortilla：スペイン語の torta「平たく丸いケーキ」から派生）の材料となります．鶏肉や豚肉などにチリソースをかけて包んだものがメキシコの伝統料理タコス（taco：スペイン語の「詰め物」が原義）です．紀元前 4000 年頃にメキシコ中央高原で栽培されていたインゲンマメ（frijol フリホール），チリトウガラシ（chile：ナワトル語 chilli に由来）やトマト（tomate：ナワトル語 tomatle に由来）そしてメキシコ原産のカボチャ（calabaza カラバサ）も欠かせません．

**伝統料理「モレ」**

メキシコの伝統料理にモレ（mole：スペイン語 moler「挽く」から派生）があります。トウガラシやチョコレート，ピーナッツ（cacahuate：ナワトル語 tlalli「大地」と cacauatl「カカオ」の合成語 tlalcacahuatl「草本類のカカオ」に由来）などメキシコ原産の食材を挽いて煮込んだソースを鶏肉などにかけた伝統料理です。

　テキーラ（tequila）はメキシコの代名詞的な酒です。リュウゼツラン（竜舌蘭）のアガベ・テキーラの樹液を原料とした蒸留酒で，アガベ・メスカルを原料としたメスカル（mezcal：ナワトル語 mexcalli「焼いたマゲイ」に由来）と呼ばれていました。のちにハリスコ州テキーラ村（ナワトル語 Tequillan「畑仕事の場」に由来）原産のメスカル酒が Tequila として世界に広がったのです。

　テキーラの産業施設群とリュウゼツラン畑の景観は 2006 年に，メキシコの伝統料理は 2010 年にユネスコの文化遺産に登録されました。

## ▶ 越境するメキシコ文化

　北米大陸西部に延びるシエラネバダ（Sierra Nevada：雪に覆われた山脈）は，メキシコに入るとシエラマドレ（Sierra

Madre：母なる山脈）と名を変えます。背景にはスペインから独立後のメキシコの歴史があります。1836年にテキサスがメキシコから独立，45年のメキシコ・アメリカ戦争によりメキシコは領土の半分以上を米国に割譲することを余儀なくされましたが，旧メキシコ領からスペイン語は消滅することはなく，ロサンゼルス（ロス・アンヘレス Los Ángeles：天使たち），サンフランシスコ（San Francisco：聖フランシスコ），ラスベガス（Las Vegas：沃野），コロラド（Colorado：赤い）など，米国各地に数多く残っています。

20世紀に入ると米国の労働需要の高まりとともにメキシコからの出稼ぎが始まり，1980年代には移民の定住化が進みました。ヒスパニック（またはラティーノ）とは，米国に居住するメキシコをはじめ，ラテンアメリカの出身者およびその子孫を指しますが，現在では米国最大のマイノリティになっています。ヒスパニックが使う英語とスペイン語の混成言語はスパングリッシュ（Spanglish：Spanish と English からの造語）と呼ばれます。

なかでも多くの割合を占めるのがメキシコ系です。メキシカンまたはチカーノ（chicano：スペイン語 mexicano「メキシコ人男性」に由来，女性はチカーナ chicana）と呼ばれ，独自のチカーノ文化を形成しています。その象徴がロサンゼルスやニューヨークの市街地の壁に描かれた絵画です。国外でもメキシコのスペイン語や伝統文化は受け継がれているのです。

# フィールド・ノート

## ▶ 独立国家メキシコの原点

　メキシコシティーの中心部に憲法広場と呼ばれる中央広場がありますが，一般にソカロ（Zócalo）の名で親しまれています。スペイン語で「台座」を意味するこの場所は，アステカの都テノチティトランの中心地でもありました。毎年9月16日の前夜には，ソカロの一角を占める国立宮殿のバルコニーから大統領が「ビバ・メヒコ！」（¡Viva México!：メキシコ万歳）の雄叫びを上げ，広場に集まった国民が波打つ3色国旗のなかで唱和します。独立記念日を祝う国民的行事グリート（grito：独立の叫び）です。1810年9月16日未明，ドローレス村の教区司祭イダルゴ神父が，長年に渡るスペイン支配からの独立運動の呼び声をあげたことに由来します。

**湖上の都市テノチティトラン**

## ▶ メキシコ民族のアイデンティティー

国立宮殿に入ると正面階段の壁一面に描かれた壮大な壁画に目を奪われます。ディエゴ・リベラの大作「メキシコの歴史」です。1821年，メキシコはスペインから独立を果たすも，権力者がスペイン人からクリオーリョ（criollo：植民地生まれのスペイン系白人）に取って代わっただけで，メスティソ（mestizo：スペイン系白人と先住民の混血）や先住民は変わらず厳しい労働と貧しい生活を強いられました。そして1910年，民主化と社会改革を訴えて「メキシコ革命」が勃発，新しいメキシコの基盤となる国家の歴史が創造され，国民文化の中核に据えられたのが「メスティソ（混血）であること」でした。革命当初に文部大臣やメキシコ国立自治大学総長を歴任したホセ・バスコンセロスは革命の理念と思想を伝えるために「壁画運動」を提唱しました。その一翼を担ったのが，リベラをはじめオロスコ，シケイロスの3大壁画家です。哲学者サムエル・ラモスの『メキシコ人とは何か』にも見られる問いは多くの知識人たちの思索と議論の対象となり，ノーベル文学賞詩人オクタビオ・パスの『孤独の迷宮』といったメキシコ論へ継承されています。

## ▶ 国民生活に根ざしたメスティソ文化

メキシコのメスティソ的要素は宗教や祭事においても見出せます。メキシコ国民の約9割が敬虔なカトリック

グアダルーペの聖母

信者ですが、信仰を集めているのが褐色のマリア「グアダルーペの聖母」です。伝承によれば、スペインに征服されて間もない1531年12月9日、メキシコシティー北部にあるテペヤックの丘に聖母が出現したとされ、ここに建つグアダルーペ大寺院に祀られています。聖母の祝日にあたる12月12日にはメキシコ国内外から集まる2,000万人もの巡礼者で寺院が埋め尽くされます。

メキシコ独特の祭礼「死者の日」は、アステカ社会の死者を偲ぶ風習がカトリックの祭日と融合したもので、11月1日から2日にかけて催されます。死者を迎えるためにセンパスチルの花や死者のパン、どくろの砂糖菓子などで祭壇が飾り付けられます。死者の日の骸骨は、版画家グアダルーペ・ポサーダの「ラ・カトリーナ（骸骨の貴婦人）」に代表される、メキシコ的なシンボルとして国民文化の中心に据えられて今日に至っています。

ラ・カトリーナ（骸骨の貴婦人）

祝祭に欠かせない

のがマリアッチ(フランス語のマリアージュ「結婚」が語源)です。かつてフランスのナポレオン軍が進駐していたグアダラハラが発祥の地とされ,つばの広いソンブレロに伝統の「チャロ」で盛装した楽団が大衆音楽を奏でます。死者の日とマリアッチはともにユネスコの無形文化遺産にもなっています。

### ▶ 遠くて近い国メキシコ

メキシコと日本の交流は400年以上も前に遡ります。1609年,フィリピン総督代理ロドリゴ・デ・ビベロの乗船するガレオン船が千葉県御宿に漂着したことに始まり,徳川幕府とヌエバ・エスパーニャ副王府の外交交渉,支倉常長慶長遣欧使節へと発展します。そして1888年,日本が達成できた最初の完全対等平等条約である日墨修好通商航海条約を機に,1897年には「榎本武揚メキシコ殖民団」が派遣されました。戦後,1954年に日墨文化協定,69年には日墨通商協定が,さらに2004年には日墨経済連携協定(EPA)が締結され,両国の経済・文化関係はさらに深化していきました。また1971年に始まる日墨戦略的グローバル・パートナーシップ研修計画や1974年に設立された日墨学院(リセオ),大学間の学術文化協定および学生交換協定を通して,両国の文化交流はより一層促進されています。

(シルビア・ゴンサレス+松井健吾)

# ユカタン半島とカリブ海域
*The Yucatan Peninsula and the Caribbean area*

## ◆ 言 語 事 情 ◆

メキシコのユカタン半島の公用語はスペイン語ですが，マヤ語も併用しています。また，キューバなど，カリブ海域の公用語の多くはスペイン語です。イギリス連邦に属するジャマイカは英語，ハイチはフランス語でクレオール語も話されます。米国の自由連合州プエルトリコでは英語とスペイン語が併用されています。

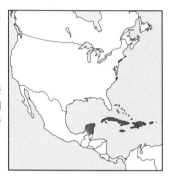

## 言 語 文 化

　大航海時代にマルコ・ポーロの『東方見聞録』で紹介された黄金の島シパンゴ（Cipango：日本）をはじめ，黄金郷エル・ドラード（El Dorado）の発見を目指しスペインを船出したコロンブス一隊が西インド諸島に到達すると，新世界（ヌエボ・ムンド）の存在が明らかにされました。その地はインディアス（当時，ヨーロッパ世界から見てインドよりさらに東の地域）と称され，インディオと呼ばれ

る人々が住んでいました。こうしてスペインの征服・植民と布教の活動が始まり、ヨーロッパ・スペインの「文化移植」が怒涛のごとくメキシコのユカタン半島から内陸部へ、そして太平洋岸のアカプルコを経由してスペイン植民地のフィリピンにまで伝播し、東西交流の源流が形成されました。

カリブ海域にはおよそ300万人のタイノ（またはアラワク）、シボネイ、カリブと呼ばれる先住民族が暮らしていましたが、征服戦争、過酷な労役そしてヨーロッパ人がもたらした麻疹・天然痘・チフス・流行性感冒などの疫病が原因で人口が激減、わずか半世紀の間に少数のカリブ族を除いてほぼ絶滅してしまいました。

## ▶ タイノ語からの贈りもの

コロンブスは『航海日誌』のなかでカリブ海の大嵐を「ウラカン」と記しています。熱帯性低気圧のことですが、このハリケーン（hurricane）はタイノ語のウラカン（スペイン語 huracán）を語源とします。同様に、カリブの人々は「アマカ」と呼ばれる魚を獲る網のようなものにくるまって寝ると記しています。ハンモックのことですが、これもタイノ語のアマカ（hamaca：スペイン語 hamaca）に由来します。また、「カノア」と呼ばれるくり舟で漁をすると紹介しています。カヌーのことですが、タイノ語のカノア canoa が原形のままスペイン本国に伝えら

れ，のちに英語 canoe に派生し，カヌーとなりました。魚や肉を焼くために木の枝を組んだバルバコア（スペイン語 barbacoa）またはバルバクア（同 barbacuá）は転じてバーベキューとなりました。

## ▶ 言葉の生命力

貨幣としても有用されていたカカオ（cacao）は，マヤ語のカカウァ kakaw がアステカのナワトル語カカウァトゥル cacahuatl に変化し，カカオ cacao となったものです。またチョコラテ（chocolate：チョコレート）はマヤ語のショコラ chokola（chokol：「熱い」／a：「飲み物」．で「熱した飲み物」の意味），あるいはナワトル語ショコアトゥル（xocoatl：カカオ豆をつぶして水と香辛料を加えた「聖なる苦い飲み物」）を語源とします。ユカタン半島の地場産業を支えてきたのはエネケン（henequén）です。エネケンはマヤ語では ki と称します。綱や穀物袋に用いられるサイザルアサ（sisal）とも呼ばれますが，その名は積出港サイザル港に由来します。人間の営為を支えてきた言葉の生命力です。

## ▶ 新旧世界の交錯

新大陸にはヨーロッパ人にとっては珍しい植物が多くありました。スペイン語のサツマイモ batata（バタータ）はタイノ語 batata に由来し，南米アンデスが原産のジャ

ガイモ patata（パタータ）はタイノ語 batata の b が p に変化したものです。

イベリア半島からはスペイン語やカトリック教のほかに，新大陸には存在しなかった小麦，ブドウ，オリーブ，サトウキビなどの栽培植物が移植され，馬，牛，羊，山羊，豚などの家畜が持ち込まれて新大陸の世界を一変させました。新旧両世界の文化交錯の物語です。

## ▶ マヤ文字のメッセージ

スペインによる征服後にユカタン半島でキリスト教化に従事し，のちに『ユカタン事物記』を著したディエゴ・デ・ランダ司教は 29 の記号からなるマヤの「アルファベット」を書き残しています。マヤ文字（象形文字）の解読は未だ途上にありますが，様式化された貝の記号はゼロを意味し，1 を表す点そして 5 を表す棒で表記される数字，表音に用いられる

マヤ文字

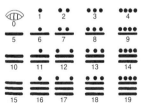

点と棒で表された数字

140の文字記号が確認されています。古代マヤ人は数字と象形文字を駆使して昔日の出来事を石碑に，そして古文書（コデックス）に克明に刻んでいったのです。古代マヤ人が今に伝えるマヤ文字で刻まれた「時の記憶」です。

### ▶ マヤ語の世界

マヤ語は750万人にのぼる北米最大の先住民集団マヤ民族の共通語（リンガフランカ）ですが，紀元前2000年頃には「原マヤ語」のみユカタン半島一帯で話されていました。その後，メキシコ湾岸のワステカ諸語，ユカタン半島のユカテカ諸語，西マヤ諸語，東マヤ諸語に分岐し，現在，キチェ語，チョンタル語，ツォツィル語や多くの石碑文に用いられたチョルティ語など31語が話されています。最も多く話されているのがユカテカ諸語に属するユカテカ語ですが，ユカタン半島中央部の密林地帯に暮らす数百人のラカンドン人によって話されるラカンドン語のような希少言語もあります。

## フィールド・ノート

### ▶ 深遠なマヤの宇宙論

古代マヤ人は数字と20進法を駆使した数学のほか，

太陽・月・金星の運行，日食の予言，月の周期など天文学にも優れ，精巧な暦法体系を作りあげました。1か月を20日とし18か月からなる360日に不吉な日とされた5日を加えて365日（正確には365.2420日）をもって1年とする「ハアブ暦」と，20の名称の日と1から13までの数字を組み合わせて260日で1年とする「ツォルキン暦」です。彼らはそれらを組み合わせて52年を1周期とする「マヤ暦」を編み出しました。

　ユカタン半島の北部，マヤ文明を代表するチチェンイツァの遺跡に「エル・カスティージョ」と呼ばれる，羽毛の蛇神「ククルカン」を祀るピラミッド神殿があります。とりわけ美しいピラミッドは，東西南北の4面に91段の階段があり（91×4＝364），1段の基底をあわせると計365段つまり1年365日を表し，また，9層からなるピラミッドは中央階段で二分され（9×2＝18），つまり1年が18か月に分けられていたことを表します。8層までは3か所，9層目は2か所に窪みがつけられ，階段で左右に分断されているため合計で（3×8＋2）×2＝52，すなわち52年周期のマヤ暦を具現しています。階段の最下部にはケツァルコアトルとも呼ばれる蛇神ククルカンの頭部が据えられ，春分の日の午後，9層からなるピラミッドの中央階段には，夕日に照らされて黄金色に光り輝くククルカンが天空からのたうち回りながら舞い降りる姿が映し出されます。霊界へと降りてゆく「ククル

**ククルカンの降臨**

カンの降臨」を表す，古代マヤ人の英知が自らの営為を刻む壮大な叙事詩です。

　彼らはまた，宇宙は，チクナウトパン（私たちの上にある9層）という天界と，トラルティクパク（4層からなる地の表面）という人間界，そしてチクナウミクトラン（死の9層）という死者の世界からなり，世界の中心には天井界と地下界を結ぶ，再生と生命と豊饒を象徴する熱帯樹セイバの宇宙樹が位置すると考えていました。メソアメリカ考古学研究の碩学，メキシコ人のアルフレド・ロペス＝アウスティン博士の唱える「宇宙樹信仰」です。マヤ暦の13（9+4）や18（9+9）は人体と深く結合しています。20進法の20は両手・両足の指の総数です。とりわけ13は古代マヤ人には神聖な数字です。人体の首，両肩，両肘，両手首，両大腿部，両膝，両足首の13の関節部の数でもあるからです。古代マヤ人の無限の身体宇宙観です。

## ▶ キューバ憧憬

　スペインの征服と植民地化はカリブ海域から始まりました。なかでも，その美しさゆえに「アンティルの真珠」とも呼ばれたキューバ（先住民語の Coba または Cuba に由来）は，1511 年にスペイン人のベラスケスが征服，1515 年にハバナが建設され，のちに天然の良港ハバナの街を守るモロ要塞など堅牢な城塞が建造され，スペイン本国との交通と交易の要衝として，フィリピンとのアジア貿易そしてスペイン文化移植の拠点として繁栄しました。植民地時代の面影を今に伝える，バロック様式の建築物が立ち並ぶ首都ハバナの旧市街（ハバナ・ビエハ）は 1982 年に世界遺産に登録されています。

　17 世紀から 19 世紀にかけてカリブ海域では砂糖産業が勃興し，西アフリカから黒人奴隷が労働力として導入され，大規模な奴隷制砂糖プランテーションが興隆しました。なかでもスペイン領キューバは砂糖産業の中心地として脚光を浴び，キューバ独立の使徒ホセ・マルティの指導のもとスペインからの独立戦争を経て，1898 年の米西（アメリカ・スペイン）戦争を機に 1902 年に独立を達成し，「北の巨人」米国が

**モロ要塞**

**サトウキビを運搬した汽車**

大々的に資本投資するまでキューバの砂糖産業は繁栄を享受しました。

第2次世界大戦の終結後、米ソが対立する冷戦のなかで1959年1月に樹立したのがカストロ革命政権でした。のちに社会主義革命を宣言、キューバに莫大な利権を有していた米国と対立し、1961月1月に外交関係を断絶しました。キューバはソ連との関係を強め、1962年10月にソ連のミサイル基地建設をめぐって「キューバ危機」が勃発、核戦争の危機が全世界を震撼させました。それから54年後、2015年7月20日に両国の国交が回復され、それにともない日本とキューバの経済貿易関係や文化交流の今後の進展が大いに期待されています。

日本とキューバの交流は1614年に支倉常長遣欧使節がハバナに寄港したことに端を発しますが、本格的には1898年(明治31年)の日本人キューバ移住に始まります。1929年(昭和4年)に国交樹立、第2次世界大戦で中断を余儀なくされたのち、戦後1952年に国交回復、1960年に通商協定を締結し現在に到っています。

キューバは教育の無料化による公教育の普及率が高く、国民の識字率もほぼ100%と極めて高く、大半が高

校卒で、明日を担う多くの若者が国立ハバナ大学（1728年創立）などで学んでいます。特筆すべきは、医師養成も世界最高の水準で推進され、医療費の公費負担は約95％ということです。

**市場の風景**

音楽ドキュメンタリー映画『ブエナ・ビスタ・ソシアル・クラブ』でも有名なキューバ音楽と映

**ハバナの旧市街**

画、アレホ・カルペンティエルに代表される魔術的リアリズム文学、そしてキューバ野球、ヘミングウェイも愛飲していたダイキリとモヒートに酔いしれ、紺碧のカリブ海の潮風、ホセ・マルティ原詩の民謡「グアンタナメラ」とキューバンサルサのリズムが織りなすカリブ狂想曲に陶酔する――「カリブに浮かぶ赤い島」キューバの魅力は尽きません。

（柳沼孝一郎）

# 05

# グアテマラ共和国
*Republic of Guatemala*

### ◆ 言 語 事 情 ◆

面積は日本の約3.5分の1，人口約1,500万人のグアテマラは，北アメリカ大陸と南アメリカ大陸をつなぐ中央アメリカの国々（ベリーズ，エルサルバドル，ホンジュラス，ニカラグア，コスタリカ，パナマ）を代表する国です。公用語はスペイン語ですが，キチェ語やケクチ語，カクチケル語など多くのマヤ系言語も話されています。

## 言 語 文 化

### ▶「インド・アメリカ」の国グアテマラ

スペイン植民地支配の時代にスペイン文化の影響を受けた地域を「イスパノアメリカ」と呼びます。徹底したスペイン化政策，とりわけ言語と移住政策によって，スペイン南部の方言と発音が似た「ラテンアメリカ・スペイン語」がイスパノアメリカで広く話されるようになりました。先住民言語の影響などによるグアテマラ特有の

スペイン語法をグアテマルテキスモ（guatemaltequismo）といいます。言語の永久(とわ)の深化です。

　グアテマラやボリビアなど先住民インディヘナが多い地域を「インド・アメリカ」と称し、メキシコやペルーなど、ヨーロッパ系白人と先住民インディヘナの混血メスティソ（mestizo）が多い地域を「メスティソ・アメリカ」といいます。植民地時代に労働力として導入されたアフリカ系黒人のアフロ文化を継承する地域を「アフロ・アメリカ」と呼び、アルゼンチンやチリのようにヨーロッパ系白人が大部分を占め、ヨーロッパ文化を引き継ぐ地域を「ユーロ・アメリカ」と称します。

　人種の坩堝(るつぼ)といわれるラテンアメリカならではの言語文化の万華鏡です。なかでも彩り豊かなインディヘナ伝統文化を今に伝えるのがグアテマラです。

## ▶ 中央アメリカに暮らす人々

　グアテマラを代表とする中央アメリカ地域は、スペイン植民地時代は「グアテマラ総監領」の管轄下に置かれていました。1821年に「中央アメリカ連邦共和国」として独立したものの39年に分裂、現在のグアテマラ、ホンジュラス、エルサルバドル、ニカラグア、コスタリカとなりました。宗教はいずれもカトリックで、公用語はスペイン語です。人種構成も多様で、白人とメスティソが人口の97％を占めるコスタリカ（Costa Rica：「富める

海岸」の意味ですが、先住民が金の装身具を身に着けていたことに由来）のような国もあれば、ホンジュラス（カリブ海沿岸の水深 hondura が深いことからスペイン人が命名）やニカラグア（ニカラグア湖周辺を治めた部族の長 Nicarao に由来）、エルサルバドル（救世主キリスト el Salvador にちなむ）のようにメスティソが多い国もあります。グアテマラではメスティソは「ラディーノ」（ladino）と呼ばれ、人口の40%を占めます。19世紀のコーヒー栽培やプランテーション農業の繁栄にともない、ドイツ人、フランス人、イタリア人の移民が導入され、その影響からヨーロッパ系は人口の20%を占めていますが、多くの先住民インディヘナも暮らしています。

## ▶ 多様なマヤ系言語

グアテマラの公用語はスペイン語ですが、多様なマヤ系言語も話されています。マヤ語は、紀元前2000年頃までは原マヤ語（プロトマヤ protomaya）と呼ばれる言語だけでしたが、枝分かれして現在では、キチェ語（100万人）、ケクチ語（56万人）、カクチケル語（50万人）、マム語（48万人）の他に、ポコムチ語、ポコマム語、アチ語、ツトゥヒル語、サカプルテク語、シパカペンセ語、ウスパンテク語、チョルティ語、イツァ語、モパン語、チュフ語、ハカルテク語、カンホバル語、アカテク語、アウァカテク語、イシル語、テクティテク語など原マヤ語から

分岐した21のマヤ系言語のほか、アラワク語系のガリフナ語やシィンカ語など非マヤ系言語をあわせて23のマヤ系言語がグアテマラの国語に認められています。

植民地時代の初期、スペイン人宣教師はマヤ語をラテン語で表記しようと試みましたが、いくつかの子音はスペイン語などヨーロッパ系の言語には未知の音であったために試行錯誤を強いられました。マヤ語の母音はスペイン語とほぼ同じ発音で、非閉鎖音（ぱ行、ば行）の子音はほぼ英語の発音に近いといわれます。

マヤ人と友好関係にあったアステカ王国のナワトル語は交易語として広く用いられていました。

## ▶ マヤの神話と神々

キチェ語で綴った『ポポル・ヴフ』（*Popol Vuh*：共同体の書）はマヤ諸族の神話物語です。黄泉の国シバルバに行ったきりの若者たちを迎えに、動物を遣わします。最初に旅立った一匹のシラミは途中でカエルに呑み込まれてしまいます。そのカエルはマムシに出会い、マムシはカエルを食べ、ハヤブサはマムシを食らいます。そして神々がハヤブサを吹き矢でしとめます。生命の宿命的な輪廻を今に伝える書です。グアテマラ人のノーベル賞作家ミゲル・アンヘル・アストゥリアスの『グアテマラ伝説集』にも描かれるマヤの宇宙観は壮大です。神羅万象すべてに神が宿るといいます。天地創造の神はフナブ・

雨の神チャック

クーで、その子でマヤの最高神で昼夜を支配する天空神であり、太陽神でもあるのがイツァム・ナーです。風の神ククルカン、雨の神チャックなどなど、マヤの神々は多岐におよびます。

グアテマラは、「自由の象徴」であり国鳥でもある聖なる鳥ケツァル（quetzal：絹のように光る長い鳥羽が特徴の絹羽鳥「キヌハネドリ」）が生息する、神話が織りなす悠久の国です。マヤの人々は自らの営為と歴史をマヤ文字で石碑に刻み、書に記してきたのです。

## ▶ マヤの恵み

アストゥリアスの作品に『トウモロコシの人間たち』があります。人間はトウモロコシから創られたとありますが、トウモロコシは、インゲンマメ（frijol フリホール）、チリトウガラシ、カボチャと並んでメソアメリカの4大作物です。トウモロコシは焼畑農耕によってマヤ社会を支えた重要な作物でした。トウモロコシの粉を練って薄くのばしたものがトルティージャ（tortilla）です。タコスには欠かせない食材ですが、ユネスコの世界遺産にも指定されているメキシコやグアテマラの伝統的な主食で

す。トウモロコシはメキシコから中央アメリカにおよぶメソアメリカ地域の人々の心の支えでもあるのです。

　グアテマラ北部，熱帯密林が広がるペテン地方はアボカド（aguacate アグアカテ）の原産地です。交易関係にあったアステカ王国にも出回り，ナワトル語でアウァカトゥル（ahuacatl：実の形状の類似から「睾丸」の意味）と呼ばれました。アグアカテの語源です。グアテマラはまた世界有数のチクル（chicle）の産地です。チュウインガムや歯磨き粉の原料ですが，熱帯樹サポジラ（chicozapote）の幹に刻みを付けて採取した乳状の樹液を煮詰めたものです。マヤの人々はこの樹液を固めたものをシィクテ（sicte：「血」または「生きた樹液」の意味）と称し，噛んで歯磨き用に，あるいは断食の儀式で空腹を紛らわす代用品として用いました。重要な交易品としてアステカ王国にも広まり，ナワトル語でチィクトゥリ（tzictli）と呼ばれ，のちにスペイン語のチクレ（chicle）となりました。

# フィールド・ノート

## ▶ グアテマラ逍遥

　メキシコ南部チアパス州，1897年（明治30年）に榎本武揚メキシコ殖民団が入植したエスクィントラの町を後にして，パンアメリカン・ハイウエーをひた走る車はほ

どなくしてメキシコとの国境を通過，グアテマラに入ります。やがて世界で最も美しいといわれる大湖アティトランが目前に拡がってきます。あたりは静寂がすべてを支配しているかのようです。かつてグアテマラで教鞭をとった「キューバ独立の使徒」ホセ・マルティは，随筆『グアテマラ』のなかで，火山と湖の国，肥沃な大地，豊穣のグアテマラの魅力をあますところなく描いていますが，常春のグアテマラは実に美しい国です。

### ▶ 古都アンティグアに想う

首都グアテマラ・シティから車で一時間足らず，グアテマラ高地に位置するアンティグアの町まで足をのばします。征服後間もなくグアテマラ総監領の都として建設され，中央アメリカで最も美しい文化都市として栄えました。1541 年に建立されたサン・フランシスコ教会などスペイン植民地時代の建造物も多く，アンティグアは1979 年に世界遺産に登録されています。

アンティグアはまた観光都市です。花びらや色付けしたおが屑を敷きつめて造った花絨毯の道を，キリストの受難を表した山車を人々

**セマナ・サンタの光景**

が担いで練り歩くセマナ・サンタ（Semana Santa：聖週間）の伝統行事でも有名です。

## ▶ グアテマラとの交流を紡いだサムライ

　古都アンティグアには一人の日本人が暮らしていました。岩手県出身の屋須弘平です。1874年に来日した「メキシコ金星観測隊」の通訳を務めた屋須は，1878年に観測隊に同行してメキシコに渡航，のちにグアテマラに移住，アンティグアで写真店を営み，マヤ遺跡やグアテマラの伝統文化を多くの写真に残しました。ハワイに渡航した日本人移民がコーヒーやサトウキビ農園の労働に就くためにグアテマラに転住した例もありますが，屋須は日本とグアテマラをつなぐ懸け橋といえましょう。

## ▶ 密林に眠るティカル遺跡

　メソアメリカ古代文明の一翼を担ったマヤ文明は紀元前1500年頃に発生，紀元3世紀から9世紀にわたる「古典期」と呼ばれる時代に隆盛を誇りました。その中心がグアテマラ北部低地，熱帯林の懐深いペテン地方に栄えたティカルです。基壇の上に築かれた神殿群や精緻な浮き彫り，象形文字を刻んだ石碑・祭壇を配置した祭祀センターを中心に構成される神殿都市で，マヤ最大規模の考古遺跡です。スペイン人の宣教師アンドレス・アベンダーニョがジャングルの樹冠の上に聳え立つピラ

**ティカル遺跡のピラミッド神殿**

ミッド神殿を目の当たりにしたとき、その驚きはいかばかりだったでしょう。果てしなく広がる熱帯林の樹海に天を突くように聳える壮麗なピラミッド神殿は実に圧巻です。

## ▶ チチカステナンゴを訪ねて

　インディヘナの人たちの定期市のなかでも特に有名なのがチチカステナンゴの市です。縦糸と横糸に夢を託して、乙女が織り込んだ色鮮やかな民族衣装ウィピルで着飾った女性たちに目を奪われながら、市場をそぞろ歩くのも一興です。どこからか、民族楽器マリンバが奏でる曲が聞こえてきます。やがて目前に白亜のサント・トマス教会が見えてきます。教会の正面階段の18段はマヤの宇宙観（1年を分ける18の月と、9層からなる天井界と9層からなる地下界の合計が18）と深い関係にあるといわれます。叙事詩『ポポル・ヴフ』の

**グアテマラの織女**

手稿が発見されたドミニコ
会修道院はその隣です。

## ▶ リゴベルタ・メンチュ
## の未来へのメッセージ

サント・トマス教会

1992年にノーベル平和
賞を受賞したリゴベルタ・
メンチュはキチェ族の出身
です。内戦に苛まれてきた経験から，インディヘナの
人，メスティソそして男性も女性も，平和に一緒に暮ら
せる夢を実現しようと闘ってきた女性の人権擁護運動家
です。受賞記念講演で，ケツァルの大地の人々を代表し
て次のように述べました。

「人類愛とともに人間と自然の調和が不可欠，相互理
解を図り，マヤ民族1千年の文化と歴史を尊重し，グア
テマラ国民がトウモロコシの穂のように1つになる心を
持ち続け，トウモロコシの粒のように各自がそれぞれの
役割を果たし，不寛容や誤解のために起こる戦争や紛争
が起こらないようにするためにすべての人々が最善を尽
くすことを心から願うものです。これは人類の未来に
とって最も大切なことなのです」。

メンチュの切なる未来へのメッセージです。

（柳沼孝一郎）

# ブラジル連邦共和国
*Federative Republic of Brasil*

### ◆ 言 語 事 情 ◆

ブラジルの公用語はポルトガル語です。総人口約1億9,000万人のうち約97％がポルトガル語母語話者とされています。180前後の先住民言語も使用され，ポルトガル語と先住民言語を公用語とする市もあります。ブラジル手話も独自の言語として法的に認められ，約300万人の人の母語になっています。

## 言 語 文 化

### ▶ 日本語とポルトガル語との深いつながり

ポルトガル語は，その名が示す通りポルトガルで使われている言語です。ポルトガル語は，15世紀に始まったポルトガルの大航海時代にアフリカ，アジア，南米大陸へと広がっていきました。環太平洋地域の中にある，東ティモールも，2002年にインドネシアから独立後は，ポルトガル語を公用語の1つとしています。

ポルトガル語は、日本人が初めて出会った西洋の言語です。パン、コンペイトウ、カッパなどのポルトガル語の単語が今も日本語の中に残っています。ビー玉の「ビー」は、ポルトガル語の単語「ビードロ」を省略した形で、「ビードロ」はポルトガル語でガラスという意味です。ポルトガル人宣教師が日本でキリスト教を布教した際に、ポルトガル語の単語が日本で使われるようになりました。すっかり日本語として定着したポルトガル語起源の外来語は、日本とポルトガルの長い歴史を伝えるものといえるでしょう。

時代は飛んで、1908年に日本人のブラジル移住が始まります。現在は約160万人の日系人がブラジルで生活し、海外で最大の日系社会を築いています。総じてブラジル人はとても親日的なのですが、このベースにはブラジル社会に貢献した日系人の努力があることを忘れてはならないでしょう。日系人は、政治、経済、芸術をはじめとするさまざまな分野で活躍し、とりわけブラジル農業の発展に大きな役割を果たしています。野菜や果物、鶏卵など、日本人がブラジルに根付かせたものは少なくありません。日本人が栽培を始めたとされる柿はブラジルでも人気の果物で、「カキ」としてポルトガル語の中で使われています。日本語で「柿」というときの発音で、ブラジルでも通じます。

1990年以降は、日本の出入国管理法改正によって、

地下鉄駅の案内標識

ブラジルから多くの日系人が労働機会を求めて来日しました。こうした背景によって,「デカセギ」ということばもブラジルでは定着しつつあり,ブラジルの代表的な国語辞典の見出し語にも載っています。

そして,現在日本に在住するブラジル人は約18万人を数え,在日外国人として4番目に多い存在です。特に,群馬,静岡,愛知には多くのブラジル人が住んでいて,これらの地域では,ポルトガル語は身近な外国語の1つとなっています。写真は名古屋市の地下鉄駅にある案内標識です。英語,韓国語,中国語の表記の下にポルトガル語の表記があります。

## ● ポルトガル語交じりの日本語

ブラジルは多民族国家です。地域的な傾向を見ると,アマゾンのある北部には先住民が多く,最初に総督府が置かれた北東部にはアフリカ系住民が多いです。先住民言語やアフリカ系言語を起源とする単語も,ポルトガル語の中にはあります。ブラジル原産の果実アサイーは,近年日本でもジュースにしたものなどが売られていますが,「アサイー」という語は先住民の言語を起源とする言葉です。アサイーはアマゾンの先住民が食してきたも

のです。高い栄養価が注目されたことによって、この20年近くブラジル全土で一般的になり、世界の多くの地域でも知られるようになりました。また、ブ

**アマゾン**

ラジルの代表的な踊り「サンバ」もアフリカ系言語が起源と一般的にはされています。

19世紀にブラジルがポルトガルから独立すると、イタリア、スペイン、ドイツをはじめ、ポルトガル以外の国々からも移民を受け入れるようになります。南部はヨーロッパ移民によって開発が進められた地域で、人口の多くが白人系です。ドイツ系、イタリア系移民が多い地域では、ドイツ語、イタリア語がそれぞれコミュニケーション手段として現在も用いられています。

日系人が多く住んでいるのは、サンパウロのある南東部です。日系社会で話されている、ポルトガル語交じりの日本語を「コロニア語」ということがあります。「コロニア」とは、外国移民の入植地を指す言葉です。

コロニア語の例として、「アシュキ　あそこにポントがあるよ」という文があげられます。「アシュキ」(achoque) という表現は、ポルトガル語で「私は……と思う」「たぶん、おそらく」という意味を表し、確信のない事

**サンパウロの東洋人街**

柄を述べる際に冒頭に置いてよく使う表現です。ブラジル人は,「アシュキ」と言ってから,自分の伝えたいことを考えると言われることもあります。日系人のポルトガル語交じりの日本語にも,「アシュキ」という表現が同様によく使われます。なお,先の例での「ポント」はバス停の意味を表します。

　コロニア語は,主に家庭や日系社会で使われます。今の若い日系人は,日本語よりもポルトガル語をメインに使う人が多く,また,昔とは異なり日系コミュニティに帰属意識を持たない人も増えています。このような現状を考えると,コロニア語の在り方も将来的には変わっていくことも予測されます。

### ▶ ブラジル人のソウルフードから生まれた言葉

　ブラジル料理を代表するものの1つがフェイジョアーダです。フェイジャオン (feijão) といういんげん豆に,干肉,豚の耳や鼻などを入れて煮込んだ料理です。マンジョーカ芋の粉をかけてご飯といっしょに食べます。

　これまで,フェイジョアーダは黒人奴隷が生み出したものと一般的に考えられていました。主人が捨てていた

臓物を，奴隷が黒豆と一緒に煮込んだものが起源と考えられていました。しかし，近年では，南ヨーロッパの煮込み料理が起源であり，それがブラジル風にアレンジされたという説が有力になっています。

フェイジョアーダ

フェイジョアーダはブラジル料理を代表するものですが，通常はブラジル人が毎日食べるものではありません。濃厚でこってりとした味のフェイジョアーダは，習慣的に水曜日と土曜日に食べるものとなっています。ブラジル人が毎日食べるものの代表としてあげられるのが，フェイジャオンをシンプルに煮込んだ料理で，これもまたフェイジャオンといいます。煮込み料理のフェイジャオンには，フェイジョアーダで使う黒い豆とは異なる赤茶色の豆を使うことも多いです。

フェイジャオンの調理方法は，家庭によって異なり，ニンニク，塩のみを入れて煮込んだものが最もシンプルなものです。これをご飯にかけて日常的に食べます。フェイジャオンとご飯の関係は，日本の味噌汁とご飯の関係にたとえられることも多いです。

フェイジャオンはブラジルの食卓に欠かせないものです。なので，ブラジルのポルトガル語では，フェイジャ

オンという単語は，広く「食料」「日々の食事」という意味を表すこともあります。また，「フェイジャオンとご飯」(feijão com arroz) という表現で，「いつものこと」という意味を表すこともあります。このように，フェイジャオンという語は，ブラジル人の日常生活に密着した，特別な意味を持つものです。詩や歌の中にもたびたび出てくる言葉です。

## ▶ サッカー大国ならではの言葉

ブラジルは言わずと知れたサッカー大国。2014年本国開催のワールドカップでは残念な結果となり，国中が騒然となりましたが，ブラジル出身のサッカー選手はヨーロッパ強豪リーグでも活躍しています。

近年はテニスやバスケットボールなどのスポーツも人気ですが，サッカーは相変わらずブラジル人に特別なものとなっていると思います。ワールドカップ開催時期になると，町中がブラジルの国旗の色でもある黄色と緑の装飾で彩られます。そして，ブラジルの試合がある日は，観戦時間に間に合うように仕事も学校も早めに終わり，普段とは違う時間で交通渋滞が起こります。

サッカーは，ブラジル人の日常に最も密着してきたスポーツと言えるでしょう。そのため，ポルトガル語の中には，サッカーに関係する日常表現もあります。たとえば，「ボールを踏む」という表現は「失敗する」という

意味で使われます。また,「サッカーシューズを吊るす」という表現は,サッカー選手以外の職業においても「引退する」という意味で広く使われることもあります。

(吉野朋子)

## ▶「冬」の意味は南北で異なる？！

　世界第5位の国土面積をもつブラジルの大きさは,「日本の23倍」「ロシアを除くヨーロッパがすっぽりと入る」「一番北の町から一番南の町までの距離は成田からマニラ（フィリピン）までの距離よりも長い」などと表現されます。これだけの広さの国の圧倒的大部分の地域でポルトガル語が通じるというのは感動的ですらありますが,もちろん地域によって意味が異なる言葉も存在します。

　たとえば,「冬」という言葉は,南回帰線に近い地域では日本と同じように四季があるので,日本と同じ意味で使います。ところが,赤道に近い地域は四季がないので,「雨季」という意味で用います。日本の太平洋側の地域に住んでいると,「冬」は乾燥していることが多いので,「乾季」をイメージしてしまいがちですが,この地域では違うのです。日照りの強い日が続く季節が「夏」であることを考えれば,雲に覆われた日が続く季節が「冬」になるというのも納得できます。

(高木　耕)

# フィールド・ノート

### ▶「飲んでも下痢をしない水」とは

　私は大学の教員になる前に国際協力関連の仕事をしていました。1980年代までは国際協力に必要な言語は英語とされていましたが、より「現場」に密接な活動をするためには現地の言葉を話せなくてはなりません。ただ、外国語が話せればそれだけで意思の疎通が図れるとはかぎりません。

　たとえば、「病院」「救急車」「看護師」といった言葉は私たちにとってみれば身近な言葉ですし、ポルトガル語にもそれぞれに該当した言葉があります。しかし、これらのこ言葉が通じるのは都市部であったり、日常的に「病院」「救急車」「看護師」と接点のある人々だけなのです。病気になった時に薬草や祈祷師に頼る社会では、理解してもらえません。「病院」であれば、「病気や怪我を治す場所」というように説明をする必要があります。

　ある時、子どもが寄ってきて私が手に持っていたものについて「それは何か」と尋ねるので、「ミネラルウォーターだ」と答えたところ、「ミネラルウォーターとは何か」と聞かれ、返答に困ったことがあります。すると、同行していたブラジル人技術者が「飲んでも下痢をしない水だ」と説明したところ、その意味が理解されたこと

があります。

　また，ある村へ行ったところ，高齢の女性から「あなたはドイツ人ですか」と聞かれました。私の顔は典型的な東洋人ですから驚きました。実は，その女性は生まれて以来村から出たことがなく，学校教育を受けたこともありませんでした。過去にその村にドイツ人が来たことがあり，女性は訪問者が「ドイツ人」であることを知ったのです。それ以来，女性の理解の中では，「ドイツ人」が表す意味は「ドイツ国籍の人」ではなく，「村の外からやってくる変わった顔をして変わった言葉を話す人」となったのです。「外」と「内」を区別する概念はあっても，「世界地図」の「国」を区別する概念がなかったとも言えるでしょう。

　ブラジルにはそれぞれに独自の言葉や文化を持つ先住民族がいます。まだ部族以外の人間と接触をしたことのない先住民もいると言われています。旅客機を製造販売するような先進性をもちながら，未開のジャングルももち合わせている国がブラジルなのです。そして，多人種で構成され，混血も進むブラジル社会の混合文化はとても魅力的です。

　　　　　　　　　　　　　　　　　　（高木　耕）

# 07

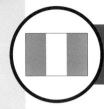

# ペルー共和国
*Republic of Peru*

### ◆ 言 語 事 情 ◆

ペルーは，南米大陸の太平洋岸に位置し，北にエクアドルとコロンビア，東にブラジルとボリビア，南にチリと国境を接しています。公用語はスペイン語（全国）ならびに先住民語のケチュア語（山岳地帯）およびアイマラ語（チチカカ湖周辺）です。首都はリマ。面積は 129.5 万 km² で，人口は 3,115 万人です。

## 言 語 文 化

　ペルーは，歴史的にわが国と関係の深い友好国です。かつて日本からは，多くの移民がペルーに渡りました。近年は，逆にペルーから「デカセギ」などで来日する人が増えています。日系人初の大統領はフジモリ氏です。

　マチュピチュは，日本でも人気の高い世界遺産の 1 つです。わが国は，ペルーから銅・天然ガスなどの重要な資源を輸入しています。2012 年には経済連携協定 (EPA)

が発効，2016年には環太平洋戦略的経済連携協定（TPP）が調印されました。このように，今後わが国との関係がますます強まっていくと期待されるペルーの言語文化について紹介します。

## ▶ ポテトのルーツはケチュア語

スペイン，南北アメリカなどで広く話されているスペイン語。そのなかにはペルーの先住民が話すケチュア語に由来する言葉があります。その代表格は，南米原産のジャガイモを意味する papa（パパ）です。

アメリカ大陸のスペイン語では通常，ケチュア語源の papa が用いられますが，スペインでは patata（パタータ）といいます。それは大航海時代，ジャガイモがアンデス地方からカリブ海，大西洋を経て，はるばるスペインへと運ばれてくる途中，ケチュア語の papa が，カリブの言葉で「サツマイモ」を意味する batata（バタータ）と混ざり，patata（papa+batata）へと変化したからなのです。ちなみに英語の potato は，スペイン語の patata がもとになってできた言葉です。

そのほかにも，南米大陸の大草原（pampa パンパ）や，フォルクローレの名曲『コンドルは飛んでいく』でも有名な鳥コンドル（condor コンドール），荷役や毛織物に利用されるラクダ科のリャマ（llama リャマまたはジャマ），アルパカ（alpaca アルパーカ）などは，誰もが一度は耳にした

ことのある言葉でしょう。

## ▶ 大帝国を支えた飛脚「チャスキ」

　古代帝国の名称である「インカ」とは，ケチュア語で「皇帝」を意味します。インカ帝国（El imperio incaico）という名称は，スペイン人年代記者によって付けられたもので，先住民は自分たちの国を「タワンティンスーユ」と呼んでいました。タワンティンが「4」，スーユが「地方」，あわせて「4つの地方」という意味です。つまりインカ帝国は，首都クスコを中心として，4つの地方に区分されていたのです。

　インカ帝国は，13〜14世紀からクスコを中心に繁栄し，1533年にフランシスコ・ピサロ率いるスペイン人征服者に滅ぼされるまで，現在のコロンビア南部からチリ，アルゼンチン中部に至る，南北4,000kmの広大な領土を誇っていました。とくに第9代皇帝パチャクティ（在位1438-71）の治世において栄華を極めました。当時の総人口は，1,000万人を超えたともいわれています。

　上記のとおり4つの地方からなるタワンティンスーユ（インカ帝国）には，四方八方に街道網が張り巡らされ，各地の行政センターをつないでいました。いわゆるインカ道は，ケチュア語で「カパックニャン」（偉大なる道）と呼ばれ，その総延長は30,000kmを超えていました。場所によっては6,000m超の高山や，足のすくむような

絶壁にも道が作られています。

広大な領土を維持するため、「チャスキ」と呼ばれる飛脚が全国の街道網を駆け抜けていました。ケチュア語には固有の文字がありませんが、縄の結び目を用いた記憶装置「キープ」がチャスキによって運ばれ、勅令や農作物などに関する情報が伝達されていました。2,000km以上も離れた帝都クスコとキト

**インカ道**

（現エクアドルの首都）との間でさえ、わずか10日程で走破したといいます。2,000kmといってもピンとこないかもしれませんが、日本列島にたとえますと、青森〜鹿児島間に相当します。江戸時代、日本橋から京都三条に至る東海道五十三次、およそ500kmの道のりを、徒歩で半月ほどかけて移動していたことを想いますと、驚異的なスピードといえます。もっとも、江戸時代の飛脚も3〜4日で東海道を走り抜けたそうなので、インカのチャスキにもひけをとりません。

現代スペイン語では、使者や伝令のことを「メンサヘーロ」(mensajero)といいますが、アンデス地方とその周辺の人々は、今でもチャスキ(chasqui)といいます。チャスキは、昔も今もインカの誇りなのです。

## ペルー先住民の宗教

ペルーでは，聖なる山，岩，泉，神殿，聖像，呪具など，先住民の崇拝する対象を「ワカ」といいます。先祖の遺体が安置されている洞窟や小屋などもワカです。古代ペルーでは，現代のような土地の所有権という概念がありませんでした。土地の区画は，人々の信仰するワカの領域と結びついていたのです。

インカ帝国を滅亡させたスペイン人は，土着信仰を偶像崇拝として否定し，先住民に対してキリスト教への改宗を強いました。布教と徴税の効率化のため，先住民をワカから引き離し，人工的に区分けした土地へと強制的に移住させました。また，先住民の遺体をカトリック教会の墓地に埋葬させました。先住民のなかには，教会の墓地で先祖が土の重みに苦しんでいるのではないかと憂い，秘かに遺体を掘り出してワカに移した者もいました。

かのインカ帝国も，たしかに領土拡大の過程で異民族の信仰を支配しましたが，スペイン人と異なるのは，インカは征服した土地で信仰されている神々の上に自分たちの神を置いたという点です。各地の土着信仰と共存しつつ，太陽神を頂点とする国家宗教を確立したのです。

先祖を敬い，古来の神道とインド発祥の仏教が共存するわが国と相通じます。

## ▶ 空中都市マチュピチュ

　ユネスコの世界複合遺産に登録されているマチュピチュ遺跡は、ワイナピチュ峰（ケチュア語で「若い峰」の意味）とマチュピチュ峰（同じく「老いた峰」）との間にはさまれた鞍部に位置します。標高2,400m、断崖絶壁の上にあるので、上空からしかその存在を知ることができません。「空中都市」と称されるゆえんです。

　周囲を密林に覆われていることもあり、幸いにもスペイン人による破壊から逃れました。そしてインカ帝国滅亡から、1911年にアメリカ人探検家ハイラム・ビンガムによって発見されるまで、およそ400年間、ひっそりとアンデスの奥地に眠っていたのです。

　総面積は、現在までに把握されている都市部だけでも5km²あります。西側の市街区は、神殿、宮殿、居住区、作業場などで構成されています。

　面積の3分の2は、段々畑「アンデネス」（スペイン語で「プラットホーム」の意味）です。山腹全体に広がるその光景は、見る者を圧倒します。約400mの高低差を利用した農法が特徴的で、寒冷で渇いた高所ではジャガイモを植え、温暖で水の豊かな低所ではトウモロコシを育てていま

**アンデネス**

した。

　これらの施設の建材には、現地の岩石が利用されました。高度な加工技術で巨石を切断し、カミソリの刃も通さないほど隙間なく組み立てて、巨大地震にも耐えうる頑強な建造物を築きました。

　クスコから100km以上も離れた奥地に、なぜこのような都市が建設されたのでしょうか。理由は諸説ありますが、アンデネスには何千人もの住民に食糧を供給するに足る生産力があったとは想像し難く、また、大規模な食料貯蔵施設も発見されていないので、王族の保養所として建設されたのではないかと考えられています。

## ▶ マチュピチュ観光の礎を築いた「野内与吉」

　マチュピチュ遺跡の麓には同名の村があります。かつての村名がアグアス・カリエンテス（スペイン語で「温泉」の意味）であったとおり、この村落は温泉郷でもあります。遺跡見物を終えて下山してきた観光客は、村営の温泉施設で旅の疲れを癒します。

　いまや誰もが知るところとなったマチュピチュ観光ですが、その礎を築いたのは日本人の野内与吉さんでした。

　福島県大玉村に生まれた与吉さんは、1917年、21歳のときペルーに渡り、農業や鉄道建設などに携わった後、マチュピチュ村で最初のホテルを開業しました。ま

た，水力発電設備をつくり，スペイン語・ケチュア語・英語の語学力を活かして現地ガイドも務めました。

マチュピチュ村

1948年には，地方政府から村長に任命されます。その後も1969年に他界するまで，マチュピチュの発展に貢献しました。もしも与吉さんがいなかったら，今のマチュピチュ村はなかったといっても過言ではありません。

マチュピチュ村は，2015年10月，野内与吉さんの功績を讃え，生まれ故郷の大玉村と姉妹都市協定を結びました。

## ▶ インカの心，日本の心

1990年ペルー大統領選でのことです。日系2世アルベルト・フジモリ氏が立候補し，のちのノーベル文学賞作家バルガス・リョサ氏と激しい選挙戦を繰り広げました。

リョサ氏は当時すでに国際的な文学者で，有力政党の支持も得ていて，本命視されていました。その一方，フジモリ氏は，国立農科大学総長，ペルー大学評議会議長の要職を歴任してきたとはいえ，政治家としての実績はなく，リョサ氏ほどの知名度も資金力もありません。誰

もがリョサ氏の優位を信じて疑いませんでした。

　フジモリ氏は，選挙戦に際し，「正直」「勤勉」「技術」という3つのスローガンを掲げました。このスローガンは，南米に移住した日系人が，長年の努力と苦労によって得た称号でもあります。その一方，ペルー先住民にもこれに似た教訓があります。「アマスア」(盗むなかれ)，「アマユア」(うそをつくなかれ)，「アマケア」(怠けることなかれ)。インカ三訓の教えです。

　日系人のフジモリ氏は，日本とインカという，太平洋をはさんだ両文化に共通する標語を掲げ，それまで白人の為政者に顧みられることのなかった先住民の心をつかみ，大統領選に勝利したのです。

## フィールド・ノート

### ▶ 知る人ぞ知る南米のグルメ大国

　フィールド調査の楽しみの1つは，地元料理を味わうことです。スペイン語圏の国々はどこも食文化がじつに豊かなのですが，なかでもペルー人は食へのこだわりが強いようです。

　レストランに限らず，大衆食堂でも300〜400円位の料金で，前菜と主菜のランチコースを提供します。有名なセビーチェ(魚介類のマリネ)は，定番の前菜です。

南米というと肉料理のイメージが強いでしょうが、ペルーでは野菜や豆類をふんだんに使います。とてもヘルシーです。アンデス

**カウカウ**

原産の「キヌア」は、食物繊維・ミネラルの豊富な完全食品で、スープの具材やパンケーキとして食されます。

ペルー料理のキーワードは、「クリオージョ」です。クリオージョとはスペイン語で、もとは植民地生まれのスペイン人や白人を指す言葉でしたが、やがて混血へと意味が広がり、さらに混成言語・混成文化を指すようにもなりました。ペルー人の国民性を形容する語の1つといえましょう。

ペルー料理は、先住民より受け継がれたトウモロコシ、ジャガイモ、香辛料などを用いた伝統料理が下地にあって、そのうえにスペイン料理、イタリア料理、中華料理などがミックスし、独自の「コミーダ・クリオージャ」(混成料理)へと進化を遂げています。

「カウカウ」は牛の胃をスパイスで煮込んだ混成料理で、スペイン人のもたらした牛肉、たまねぎ、セロリ、クミンと、南米原産のジャガイモ、とうがらしなどが融合した、ペルーを代表する家庭料理です。

(青砥清一)

# 08

# チリ共和国
*Republic of Chile*

### ◆ 言語事情 ◆

面積が日本の約2倍，人口約1,800万人，南アメリカ大陸南西部に位置するチリは，北はペルーと国境を接し，南はホーン岬にいたる，東西180km，アンデス山脈にそって南北4,270kmにのびる細長い国です。公用語はスペイン語ですが，マプチェ語やアイマラ語など先住民族の言語も話され，ヨーロッパ移民も多く，とりわけ南部には多くのドイツ人が居住しドイツ語が話されています。

## 言語文化

### ▶ 大いなる自然豊かな国チリ

　チリが生んだ20世紀最大の情熱の詩人，ノーベル文学賞のパブロ・ネルーダの詩「マチュ・ピチュの頂き」に想いを馳せているうちにいつしかまどろんでしまったようです。ふと我に返り，パンアメリカン・ハイウエーを疾走する長距離バスの窓外に目をやれば，漠々たる原野が果てしなく広がり，遥か彼方にはアンデスの山並み

を望み，やがて暮れなずむ夕空に星が瞬きはじめます。そういえば，チリの国旗の白はアンデスの雪を，青はチリのどこまでも澄んだ空と海

アンデス山脈

を表し，赤は独立戦争で流された血を，星は国の進歩と統一を象徴するといいます。

チリ（Chile）の語源は，インカの言語であるケチュア語で chiri「寒い」，またはアイマラ族の言語で「大地の終わる所」を意味するなど諸説あります。北部の，年間降雨量が 10mm 以下の世界で最も乾いた大地アタカマ砂漠から無数の湖が散在する南部の針葉樹林地帯まで，アンデス山脈にそって南北にのびる細長い国です。天然資源が豊富で，銅の生産は世界一を誇ります。フンボルト海流（1800年代に新大陸を調査したドイツの自然学者フンボルトにちなむ）の恵みでしょうか，海洋資源も豊かです。パブロ・ネルーダが詩集『大いなる歌』（*Canto general*）で詠った大いなるアメリカ大陸への賛歌です。

## ▶「ユーロ・アメリカ」の国チリ

チリは国民の約 90% が敬虔なカトリック教徒です。住民のほとんどがヨーロッパ系白人で，スペイン系（バ

スク，アンダルシア，カスティリャ地方出身）が75%，ヨーロッパ系が20%を占めます。スペインからの独立後，19世紀末の産業経済発展の時代に移民政策によって多くのヨーロッパ系移民がチリに渡りました。アルゼンチンやウルグアイのように，ヨーロッパ文化を引き継ぐ地域を「ユーロ・アメリカ」と称しますが，チリもその典型的な国です。住民の中には先住民との混血メスティソも含まれますが，マプチェ族（またはアラウカノ族）をはじめとする先住民系は5%程度に過ぎません。

## ▶ サンティアゴへの道

　長距離バスは首都サンティアゴをめざしてパンアメリカン・ハイウエーをひた走ります。バスの右手，遥かに望む太平洋，本土から3,700kmの海上に巨大な石像モアイで有名な絶海の孤島イースター（スペイン語パスクアPascua）島があります。現地では「ラパ・ヌイ」（「大きな島」の意味）と呼ばれますが，モアイ（moai）は島のことばで「石像」を意味します。1722年のイースター（スペイン語pascua：復活祭）の日にオランダ人が島に到達したことから命名されました。モアイ像は民を護る神として崇拝されていましたが，地震や津波の天変地異，干ばつそして社会の変動から民を護れなかったがために放置されてしまいました。モアイ像は力を失い，モアイ信仰は消滅してしまったのです。ところが，一体だけ，生ける

神として背に鳥人が彫られた，ホア・ハカ・ナナ・イア（HOA・HAKA・NANA・IA：「盗まれた友」の意味）が大英博物館に安置され，話題を呼んでいます。

　絶海の孤島と言えば，赤道直下の国エクアドル（スペイン語 Ecuador：赤道）領のガラパゴス島（コロン諸島）もまた特徴的です。イギリスの博物学者ダーウィンが進化論の着想を得た島でも知られていますが，巨大な海ガメ「ガラパゴ」（galápago）に由来します。

　バスはやがてチリ中央部，標高 520m の盆地に位置する首都サンティアゴ（Santiago）に到着します。チリの守護聖人・聖ヤコブ（スペイン語名 Santiago）に因みます。地中海性気候にも恵まれ，近郊にはワイナリー（ビニャ viña：ブドウ園）がひしめく，世界有数の一大ワイン生産地です。2015 年のワイン輸入量でフランス産ワインを上回るほど日本でもチリワインは人気です。

　サンティアゴからアンデス山脈に向けて延びる街道の先，アルゼンチンとの国境に聳える標高 6,960m の南米大陸最高峰アコンカグアを越えれば，そこはタンゴの国アルゼンチンです。

**サンティアゴの魚市場**

## ▶ アル・スール ── さらに南へ

　首都サンティアゴを後にして南（スール sur）を目指します。アル・スール（Al sur），さらに「南への旅」です。

　映画『モーターサイクル・ダイアリー』で若きチェ・ゲバラがあまりの雄大な自然に，ビバ・チレ！（Viva Chile.：チリ万歳）と叫んだように，アンデスの景観に目を奪われながら，やがてチリ南部テムコに辿り着きます。モデルニスモを代表する，偉大なる詩人パブロ・ネルーダの生まれ故郷です。アンデス山脈の麓にあるテムコの郊外に拡がる鬱蒼と生い茂る森で日々を過ごしたネルーダ少年は，「テムコの自然に酔いしれた。まるで強烈なウィスキーのようだった。10歳になろうとしていたが，すでに私は詩人だった」と伝記に綴っています。人間を育み，文化を育てる自然に畏敬の念を感じます。

　そうこうしているうちに，バルディビアからオソルノを通過して，いよいよプエルト・モント（プエルト・モンとも呼ぶ）に到ります。一帯にはイタリア，イギリス，フランス，スイス，ユーゴスラビアなどからのヨーロッパ移民が多く，1853年に建設されたプエルト・モントにはドイツ人が多数移住し，今日に到っています。

## ▶ チリの先住民 ── アラウカノ族

　チリの歴史は，スペイン人の征服者（コンキスタドール）ディエゴ・デ・アルマグロの遠征，そして1541年のペ

ドロ・デ・バルディビアによるサンティアゴ市の建設に始まります。その後，ペルー副王領の管轄下に置かれますが，当時，チリ中部にはピクンチェ族やウィリチェ族そしてマプチェ族（スペイン人はアラウカノ族と称す）が暮らしていました。なかでも独立心の強いアラウカノ族はインカ帝国の侵略やスペイン植民統治に激しく抵抗し，「アラウコ戦争」の名で知られる，壮絶な戦いが繰り広げられました。アラウカノ族は「ピリャン」の神に雨乞いをする「ギラトゥーン」という荒々しい儀式でも有名です。クリオーリョ文学を代表する，スペインの詩人エルシーリャがアラウカノ族の勇猛な姿を描いた叙事詩『アラウカーナ』（*La Araucana*）の世界です。

　チリ北部にはアイマラ族やケチュア族，中部にはマプチェ族，南部にはアタカメーニョ族，カウェスパル族，ヤガン族などの先住民族の人々が，マプチェ語（またはマプドゥングン）などそれぞれの言語と文化を守りながら暮らしています。さらにその先には，風の大地と氷の大地が拡がっています。

## ▶ 風の大地パタゴニアをめざして

　パタゴニア（Patagonia）はチリとアルゼンチンにまたがる，南極からの強風が大地を吹き抜ける南米大陸最南端の地です。1520年に到達したマゼラン一行が先住民の逞しい姿を目の当たりにして，パタゴン（patagón：巨

人）と呼んだことからパタゴニアと命名されました。

　チリ側のプンタ・アレナスの前を走るマゼラン海峡を隔ててフエゴ島が見えます。フエゴ（fuego）は「火」を意味しますが，マゼランが「火の島」と名付けたのです。

　島の南を流れるビーグル海峡を挟んでナバリノ島があります。島にはヤガン族（yagán）の末裔が暮らしています。カヌーで漁をすることからカヌー・インディオとも呼ばれる少数民族ですが，モンゴロイド族を祖先とし，およそ6,000年前にナバリナ島に渡来したといわれます。彼らは，約35,000語の単語をもつヤガン語を話し，伝統文化を今に伝えながら厳寒の地で暮らしています。

# フィールド・ノート

### ▶ 首都サンティアゴそぞろ歩き

サンティアゴ市の要塞として築かれたサンタ・ルシアの丘に立ちます。頂上からは市街が一望できます。1897年に日本・チリ修好通商航海条約が締結されて以来，友好関係を保ってきた親日国

**サン・クリストバルの丘から
サンティアゴを望む**

チリを想いながら，遥か彼方にかすむサン・クリストバルの丘を望みます。どこからともなく，ヌエバ・カンシオン（nueva canción：新しい歌）

**アルマス広場**

の象徴，ビオレタ・パラの切なる歌「人生よありがとう」(Gracias a la vida) が聞こえてきます。

　サンタ・ルシアの丘を下って，中央広場（アルマス広場）まで足を伸ばします。独立戦争時代に武器（アルマス）を手にして広場に結集したことに由来します。旧市街を縫って行くと，憲法広場に出ます。正面に見えるのが，モネダ宮殿（Palacio de Moneda）と呼ばれる大統領府です。かつては造幣局（Casa de la Moneda）として機能した建造物ですが，1973年9月11日，ピノチェト将軍らによるクーデターで，サルバドール・アジェンデ大統領が激しく抗戦した末に壮絶な最期をとげたところです。宮殿の右手のホテル・カレーラの壁に残る生々しい弾痕は，すさまじい銃撃戦を物語っています。映画『サンチャゴに雨が降る』の光景が，ミゲル・リティン監督の映画『戒厳令下チリ潜入記』が頭をよぎります。

## ▶『サンチャゴに雨が降る』── アジェンデに寄せて

　20世紀に入ると、チリの国家経済を支える硝石・銅資源は外国資本に支配され、米国への従属関係が強まっていきました。こうしたなかで、銅産業など主要産業の国有化や農地改革などを唱えて立ち上がったのが、医学生時代から社会主義に目覚め、政治家として活動していたアジェンデでした。やがてラテンアメリカ初の選挙による社会主義政権が誕生、議会を通して社会主義を築こうとする「チリの実験」がスタートを切りました。しかし、軍部のクーデターの前にあえなく瓦解、盟友ネルーダはその悲報に病床のなかで接し、9月23日、サンティアゴ市内の病院で67歳の人生の幕を閉じたのでした。

　目を閉じると、「アジェンデ！アジェンデ！」の叫び声が聞こえてきます。故アジェンデ大統領の国葬にあたり、太平洋沿岸の風光明媚なビニャ・デル・マルに眠っていた遺体を、故郷のサンティアゴ市に迎える場面に遭遇したときの民衆のシュプレヒコールです。集会の一人の青年が、「我々自らが、我々の手で、一致団結して我が国を、我らがアメリカを築きあげなけれ

**故アジェンデ大統領の国葬の様子**

ば」と熱をこめて語る姿はアジェンデ大統領と重なります。脳裏をかすめる最期のラジオ演説,「歴史は我々のものであり,人民が歴史を作るのです。チリ万歳！,人民万歳！,労働者万歳！」── アジェンデ大統領の非業の叫びです。

## ▶ グレートジャーニー「言語文化の旅」の果てに

ウルグアイのジャーナリスト,エドゥアルド・ガレアーノが『収奪された大地 ── ラテンアメリカ五百年』で描く,集会の青年が唱えた「我らがアメリカ」,すなわちラテンアメリカには否めない不合理と矛盾,いかんともしがたい厳しい現実があります。しかしそこにはすべての苦に抗いながら真摯に生きる人々が,健気に生きる子どもたちがいます。人類の確かな足跡があります。人間を繋いできた大地と海を渡り,寄る辺を,理想郷を探し求め,文化を残しながら旅をしてきた人間の歩み,証(あかし)です。私達はその英知に,人々の営為に,生きる姿に感動し,涙します。

空港を飛び立った飛行機が大きく旋回すると,眼下には万年雪を頂くアンデスの峰々と,「太平洋の時代」を象徴するかのように大海原が光り輝いています。

環太平洋・言語文化の旅,それは人類の歩み,グレートジャーニーなのです。

(柳沼孝一郎)

# オーストラリア連邦
*Australia*

◆ 言 語 事 情 ◆

オーストラリアの公用語は英語です。元来,先住民アボリジニが居住し,約500の言語が話されていましたが,約230年前の入植からその数は急速に減少し,現在は50以下にまで減ってしまっています。英語は,入植から短期間の内に人為的に話されるようになりました。独特の語彙と発音が存在するのが特徴です。

## 言 語 文 化

　オーストラリアに英語が到来したのは,現在から約230年前,1788年前後になります。オーストラリアの公用語は英語ですが,土着のネイティブ言語ではありません。1788年頃から約80年かけて,オーストラリアはイギリス人を中心に開拓され,英語が全土に広がりました。アメリカの大陸開拓が東から西に向かったのと対照的に,オーストラリアでは,開拓前線は南から北へと進

んでいきました。こうした社会的・歴史的背景で、新しく「開拓」された土地であるがゆえに、発音と語彙に、独特のバリエーションを見て取ることができます。

## ▶ 3つのオーストラリア英語

これまでの研究によると、オーストラリア人の発音には3つの特徴があります。それらは、「洗練された発音」(Cultivated)、「一般的なイギリス発音」(General)、そして、「オーストラリア訛りの強い発音」(Broad)といわれています。この発音の違いは、開拓時代に持ち込まれたイギリスの階級文化と流刑植民地時代の名残と言われています。

オーストラリアの人々は、時と場面に応じて、英語の発音をうまく使い分けています。テレビニュースでも時折登場する首相マルコム・ターンブルの用いる英語は、主に「洗練された発音」(Cultivated)、時に「一般的なイギリス発音」(General)となります。

日本に住む私たちにとって最もインパクトが強いのは、やはり「オーストラリアなまり」(Broad)でしょう。ここでは、「オーストラリアなまり」に焦点を当てたいと思います。日本でも上演された映画『クロコダイル・ダンディー』に出演したポール・ホーガンの英語は代表的な例です。「オーストラリアなまり」はロンドンの下町英語（コックニー）に近いという指摘もあります。

例えば，下記に紹介する現地での頻出表現は,「オーストラリアなまり」で発音されるのが，望ましく聞こえるように思います。

　"G'day mate." は，本来は "Good day, mate." であり,「こんにちは，良い日だね」の意味になります。mate の「エイ」[eɪ] の部分は,「アイ」[æɪ] になります。day や database なども同様です。カタカナ表記で「エイ」と発音する部分は「アイ」となり，day は「ダイ」，database は「ダイタバイス」と近いような発音になります。オーストラリアでは仲間のことを「マイト」（mate）といいます。したがって,「フレンドシップ」（friendship）よりも「マイトシップ」（mateship）という表現が好まれます。

　"Good on you." は,「あなたに似合っている」から転じて「よかったね，すごいね」の意味です。you は「ヤ」[jə] と発音されます。

　"No worries." は,「心配ないよ」が転じて,「どうい

**日本企業主導で開発された
ゴールドコースト（左）とケアンズ（右）**

たしまして」("No problem." や "You are welcome.") に近い意味になっています。No は「ナァ」[næ:] と発音されます。この "No worries." は,「心配ないよ」という原義からも推察されるように,オーストラリアののんびりした,楽天的で,寛大な雰囲気,そして,開拓時代の仲間意識を思い起こす表現として,かつて国の標語に選ばれるほど,オーストラリアの文化を凝縮した表現になっています。このように,頻出表現にも,オーストラリアの地域事情を反映したものが見られます。

## ▶ イギリスとアメリカの間で

オーストラリアに行って気づくのは,綴りがイギリス英語と同じであることです。代表例は,第1に,u の存在,例えば,beha_u_iour, colo_u_r, flavo_u_r があげられます。第2に,er が re になること,例えば,theat_re_, cent_re_ があげられます。

ただ,オーストラリアが北米とヨーロッパの中間地点にあること,第2次大戦後に,オーストラリアがイギリスと並んで,アメリカとの関係を重視するようになったこともあり,アメリカ英語と混在している場合もあります。

## ▶ イギリス英語からは消えた語彙

イギリスの地方方言や俗語が,本国ではすでに消滅したにもかかわらず,旧植民地のオーストラリアでは今で

も一般語彙として残存している事例があります。Larrikin（不良），barrack for（声援する），boomer（非常に大きなもの）といった言葉は，その代表例です。

## ▶ オーストラリア英語ならではの意味

日本語でも「マンション」が元々の英語とは違った意味に使われるように，オーストラリア国内でも元々の意味とは異なった意味に使われるようになった英語があります。元々「藪」を意味していた bush が「田舎・僻地」を表すようになったり，「入り江」の creek が「小川」，「駅」の station が「牧場」の意味で使われます。これらは，他国の英語にはない意味です。

## ▶ オーストラリアで生まれた英語

オーストラリアという新天地では新たなライフスタイルに応じた英語が作り出されています。たとえば，outback「内陸部，奥地」，lifesaver「水難救助員」，stockroute「家畜を移動させる道路」，footpath「歩道」などの複合語があります。これらの表現は，オーストラリアの開拓時代を反映しています。

ほかにも，単語の末尾に -ie や -y をつけて，オーストラリアならではの文化やライフスタイルを表す語が多く見られます。代表的な例に，Aussie「オーストラリア人」，barbie「バーベキュー」，footy「オーストラリ

アン・フットボール」などがそれです。このほかにも，接尾辞 -o をつけた smoko「休憩」，bottle-o「酒屋」なども，オーストラリアで生まれた言葉です。

## ▶ アボリジニからの贈り物

先住民であるアボリジニの言語からオーストラリア英語に入ってきた単語もあります。日本でもアイヌ語由来の地名が存在するのと類似しています。

まず，動物の名前はその代表であり，kangaroo「カンガルー」，koala「コアラ」，kookaburra「クッカブラ（ワライカワセミ）」，wombat「ウォンバット」などが代表例です。

次に，地名としては，例えば，首都キャンベラ（Canberra：「出会いの場所」の意味）や，タグラノン（Tuggeranong：キャンベラ市内の地名で「寒冷な平原」の意味）も先住民の言語に由来しています。

**アボリジニアート**

### ▶ 「一服する」のオーストラリア版：Smoko

　昔から日本でも「一休みする」という意味で「一服する」という表現が使われます。同じ表現がオーストラリア英語にもあります。オーストラリア北東部に位置するクインズランド州の農場でワーキングホリデーとして働いていたイギリス人女性から次のような話を聞きました。

　彼女によると，管理人から，"It's time for Smoko!"と大声で言われたのですが，その時は何のことだか理解できなかったと言います。Smokoとは，休憩（ティータイム）のことです。日本語の「一服」に当たります。語源は，smoking「喫煙する」に由来しています。しかし，現在では喫煙することを必ずしも意味しません。ちなみに，オーストラリアの禁煙奨励は，やや過激ともいえるレベルであり，たばこは1箱で17ドル近くします。また，パッケージには，喫煙がいかに深刻な健康被害をもたらすかを示すべく，実際に喫煙によって汚染された人体の一部の写真が掲示されています。

---

## フィールド・ノート

---

### ▶ オーストラリアの「内と外」

　オーストラリアでは，いわゆる「内と外」の垣根が日本よりも低いように感じます。学生時代，オーストラリ

ア国立大の大学寮に居住していたときのことです。当時の私が抱いた現地の学生の印象は、ただひたすらビールを飲み、音楽を大音量で流す、あるいは、テレビでスポーツ観戦をする、というものでした。

ある日、大学寮の廊下でひたすら騒ぐ彼らの横を単に通り過ぎようとしていると、「おまえも一本どうだ」とビールを手渡してくれました。なまりが強く、スラングが多用されるオーストラリア英語で戸惑う私にも、彼らは私を仲間として迎えようとしていたのです。

最も印象的だったのは、彼らの招きに応じて footy（オーストラリアン・フットボール）の観戦に行ったときのことです。この footy は、学内の学生寮対抗の試合でした。その時の参加者と観戦者はみなヨーロッパ系の学生たちで、アジア系の学生は私だけでした。観戦を開始してしばらくたった頃、隣にいた学生がおもむろにユニフォームを脱ぎ、「おまえ、行け」といわんばかりにユニフォームを手渡してきました。ルールを知るはずもない私にできたことは、ボールの向かう方向に、ひたすら全力疾走を続けることでし

**大学寮内の様子**

た。

## ▶ 先住民「アボリジニ」の歴史

　私たちがオーストラリアを訪れると，先住民アボリジニが観光地でのパフォーマンスに出演していたり，道ばたでたむろしていたりする姿をみかけます。特に，北東部の観光地ケアンズには，アボリジニを題材にした国内最大の観光施設があり，ブーメランや槍を投げる体験や，彼らの伝統舞踊などを鑑賞できます。いわば男性的な，雄々しいアボリジニ文化がそこで展示されています。

　アボリジニは，オーストラリア大陸に数万年前から居住している，最初のオーストラリア人（First Australians）といわれています。これまでの研究によると，18世紀にイギリス人に「発見」された当時は，30万人から70万人のアボリジニが居住し，約500もの言語が話されていたといいます。

**槍投げを指導する先住民**

　しかし，アボリジニが現在のような地位を得るまでには，もう1つの物語が過去に存在しています。それは先住民アボリジ

ニに対するイギリス植民者による抑圧です。いまでこそ，オーストラリアは多文化社会で，親アジア的な国家であるというイメージが少なからず流布しているように感じます。しかし，1970年代から本格化する多文化化以前は，先住民アボリジニは弾圧の対象でした。国勢調査でアボリジニが初めてカウントされるようになったのも，1967年からのことです。

　アボリジニ文化に対する認知は進んでおり，彼らの言語の記述と記録もなされてきています。しかし，アボリジニ言語の最後の話者が亡くなったという報道もなされており，先住民の言語は現在では50以下にまで減少しています。言語は文化の中核をなすものであり，先住民の言語話者の減少は，アボリジニ文化の衰退を意味しています。このような先住民を取り巻く言語環境に見られるように，オーストラリア社会は様々な多面性を内包しながら，存在し続けています。

---

＊山崎真稔（2009）『オーストラリアとニュージーランドの英語』玉川大学出版部／Wells, J. C. 1982. *Accents of English*. Cambridge: Cambridge University Press／青山晴美（2008）『アボリジニで読むオーストラリア』明石書店，などを参考にしました。

（小野塚和人）

# インドネシア共和国
*Republic of Indonesia*

### ◆ 言 語 事 情 ◆

インドネシアは1945年8月17日に独立した国です。その時に国語となったのがインドネシア語です。インドネシアは島国で、13,466の島からなっており、約400のエスニックグループから構成されています。つまり400以上の言語、伝統があるのです。インドネシア語は公用語として、それらを1つに束ねています。

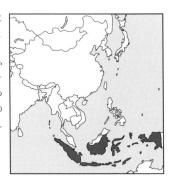

## 言 語 文 化

### ▶ ハラールって？

インドネシアの人口は日本の2倍余りの2億5,000万人で、そのうち約90％がイスラーム教徒です。ハラールとはイスラーム法で許された物、特に食材や料理のことを言います。日本でも最近話題になっていますね。私たちは何を食べてもかまいませんが、イスラーム教徒には食べてはいけないものがあるのです。食べてはいけな

いものをハラム（haram)と言いますが、それは豚肉、血液、規定された方法以外で処理された肉類、アルコール類（酔わせるもの）などです。

ハラール認証

まず祈りをささげてから規則通りの方法で処理された肉を日本国内で探すのはなかなか大変です。最近はインドネシアやマレーシアからの観光客も増えているので「ハラール」(Halal)であることを証明する「ハラール認証」を取得するレストランが続々と出現しています。イスラーム諸国からの留学生も増えているので、学食でも神田外語大学のようにハラール認証を取得したところが増えつつあります（写真）。皆さんもレストランへ行ったら「ハラール認証マーク」があるか注意してみてください。

### ▶ 左手は不浄の手？

南国のインドネシアでは水はすぐに乾くので、トイレットペーパーを使わず、手で水をかけるいわば手動式洗浄便座なのです。考えれば日本のようにトイレットペーパーを使うよりずっと清潔です。それなのにやはりイメージが良くないのでしょうか。今でもインドネシアでは左手は「不浄の手」と言われています。ですから人

に，特に目上の人に何かを渡す時などは必ず右手を使います。左手を使うと馬鹿にされたと感じるインドネシア人は多いのです。インドネシアへ行った時には右手を使いましょう。

## ▶ ゴムの時間って？

　インドネシア語で「ゴムの時間」(jam karet) という言葉があります。オランダ植民地時代にはゴム栽培が盛んだったのでゴムが身近であったから使われたのかもしれません。ゴムは伸びる。ですから長く伸びる時間ということで，時間にルーズだという意味です。1時間待っても来ない。「どうして？」「ジャムカレット（ゴムの時間）だから。」こんな会話が飛び交います。最近は携帯の普及で日本でも同じような現象がみられますね。今度使ってみてはいかがですか？

## ▶ 「落ちてきたドリアン」って？

　日本では思いがけぬ幸運が舞い込むことを「棚ぼた」(棚からぼた餅) といいますね。どうして「ぼた餅」なのか分かりませんが，たぶん当時はぼた餅が最高のぜいたく品だったからでしょう。

　インドネシアでは「落ちてきたドリアンをゲットする」(Dapat durian runtuh.) と言います。ドリアンはにおいが臭いとか日本人には言われていますが，「果物の王

様」と呼ばれ，果物の中では高価なものなのです。インドネシアには南国の果物がたくさんあります。ですから日本では考えられません

果物の王様「ドリアン」

が，諺にも果物がたくさん出てきます。

この「棚からぼた餅」の類には他にもサトウキビやバナナを使ったものがあります。「倒れてきたサトウキビをゲットする」(Dapat tebu rebah.) や「手で剥かれたバナナをゲットする」(Mendapat pisang terkobak.) です。サトウキビを伐採せずに自然に倒れてきたものを手に入れたり，剥くという動作をしなくても既に剥かれたバナナを手に入れるなど，苦労もせずに楽に手に入れることができるのですからまさに「棚ぼた」ですね。

### ▶ バナナは2回実らない？

バナナは1回実を結んだら2度と実を結びません。ですから「バナナは2回実を結ばない」(Pisang tidak berbuah dua kali.) という諺は良い運は1回だけという意味になります。

### ▶ 甘い果物の中には毛虫が……

日本では「甘い言葉にはとげがある」と言いますが，

南国の果物が豊富なインドネシアでは「甘い果物の中には毛虫がいる」(Buah manis berulat di dalamnya.)というのです。甘いつながりで「蜜の中には苦い胆嚢がある」(Dalam madu berisi empedu.)とも言います。見た目はおいしそうでも中身はそうではないという意味です。

### ▶ マンゴスチンが欲しくても高くて届かない？

「高嶺の花」と日本では言いますが，インドネシアでは「森の中に実っているマンゴスチンはとても美味しいので採りたいが，美味しく熟した実は高いところにあるので届かない」(Ingin buah manggis hutan, masak ranum tergantung tinggi.)と言います。マンゴスチンは「果物の女王様」と呼ばれていて，南国の果物の中で日本人が一番好きな果物だと言われています。森に自然に生っているマンゴスチンは甘くて相当美味しいのでしょう。

（舟田京子）

## フィールド・ノート

### ▶ 初めてのバリ島生活

初めてバリ島に留学したとき私はインドネシア語が全くできませんでした。留学生試験面接で試験官から「あなたはインドネシア語ができますか？」と質問され，

**ガムランの演奏風景**

「うっ，だ，大丈夫です！」と返答して試験官たちの失笑を買ったほどです。私の専攻は民族音楽学で専門はバリ島のガムランです。日本人でバリ・ガムランの調査研究をしようとする留学生は第2次大戦後では私が最初だったようです。

　インドネシア語もできないままデンパサール市の普通のバリ人家庭にホームステイを始めましたが，その日から会話は全く成立しません。バリは当時から有名なリゾート地で，観光スポットでは英語ぐらいは通じましたが，その他の地域では全然通じませんでした。

　そのため必死になって言葉を覚えました。最初に覚えた単語は全て食べ物の名前と数の数え方（買い物するとき絶対必要）でした。生存がかかった状況での人間の悲しい性です。しかし，そのような極限状態での言語習得は非常に速く，ひと月くらいで日常会話には支障はなくなったように記憶しています。

　会話能力は言語学習のほんの一部でしかありません。

その先の言語と文化の関わり，様々な社会的状況での言語表現，それに適応した読み書き・文法などを学ぶことが言語学習の目的のはずです。それが言語と文化の関係の面白さであり難しさでもあります。

## ▶ インドネシア語だけでは駄目

　インドネシア語はあくまで公用語で，学校や政府機関，公共施設，マスメディアなどで使用されますが，現地バリの家庭や地域の共同体では地方語であるバリ語が使われていました。つまり普段の生活はインドネシア語ではなくバリ語なのです。もちろん私のような外国人がインドネシア語で話しかければインドネシア語で返答してくれますが，バリ人同士が話している会話の内容は理解できません。私に聞かれたくない内容であったとしても，私には分かりません。これには非常に疎外感を味わいました。

　私の調査対象である伝統芸能（例えば舞踊劇や影絵芝居）の台詞もすべてバリ語です。しかも登場人物のキャラクターによっては古代ジャワ語（古語）も混じってきます。インドネシア語ができたくらいでは伝統芸能の研究には不十分であることを思い知

**バリ・ヒンドゥーの祭**

らされました。

バリ島民の多くはバリ・ヒンドゥー教徒で、独特のお祭りも行われ、そこではガムランの演奏も披露されます。

### ▶ バリ語にも敬語がある

バリ語学習には大変な難関が待っていました。それはバリ語には日本語と同じように敬語、丁寧語や謙譲語の表現があることでした。それを相手によって使い分けなければならない。相手が年下でもその人が貴族だったりすると普通語（タメ口）は使えません。

日本語の敬語表現の場合、主として助詞や接辞などの表現を区別すれば大抵はうまくいくものですが、バリ語の場合は普通語と丁寧語で名詞そのものが変わってしまうのです。つまり別の単語になってしまうのです。たとえば「水」は普通語ではyeh（イェ）といいますが、丁寧語ではtoya（トヤ）となります。日本語のように「水」を「お水」にすればよいというわけにはいきません。名詞が違ってくると付随する動詞も変わってきます。「水をくれ」は"ngidih yeh"（ンギデー・イェ）ですが、「お水をください」は"nunas toya"（ヌナス・トヤ）と言わなければなりません。

日本在住の外国人が「日本語は敬語が難しいです」というのをよく耳にしますが、バリ語の敬語表現も相当難

しいものです。何となく日本に住む外国人の気持ちがわかるような気がします。「外国に住むということはこういうことなのか」という実感が湧いてきました。

## ▶ 伝統芸能の奥深さ

　私がガムランを習っていた先生たちの中にロチェンという人がいました。この人は当時60代後半くらいのおじいさんで，影絵芝居の伴奏ガムランであるグンデル（打楽器の一種）の名手でした。私はほぼ毎日彼の家に通いグンデルを習っていました。ロチェンさんは教えることも好きでしたが，世間話も大好きで，いつもレッスン時間の3分の1くらいはおしゃべりをしていました。ガムランのこと以外にも，バリ島の芸能や宗教に関していろいろなことを話してくれました。

　ロチェン家にはガムランを習う人以外にも，欧米の研究者やマスコミ取材班などがしばしば訪れては，ガムランに関するインタビューや調査をしていました。なかには名著を著した高名な学者もいたりして，そのような人に会えるのが私はとても楽しみでした。

　ところがそのような人たちに対するロ

**ロチェン師と筆者**

チェンさんの対応は不思議なものでした。同じ質問なのに，インドネシア語のできる人，英語で通訳を介して取材する人など，相手によって答える内容が違うのです。平たくいえば「ウソ」をついているのです。ロチェンさんのそのような態度を不思議に思っていました。「ひょっとしたら私にもウソを教えているのではないか」。

あるとき意を決して尋ねてみました。「先生，この間来た外国人には違うこと教えてませんでしたか」。するとロチェンさんは鼻で笑って「演奏も習わんでインタビューだけするようなやつに本当のことは教えん！口先だけ達者なやつはわしゃ好かん。ガムランは演奏ができてはじめて本物なのだ」。

この言葉は私の胸に突き刺ささりました。それ以来私はガムランの調査やインタビューをするときは必ず相手に実技も習うようにしました。ほんのわずかな時間でも音楽を通して相手と対話すると，必ずある信頼関係がそこに生まれてくるものです。口先ではなく実力で相手のレベルがどれくらいか分かってはじめて，対話が成立する。伝統芸能の奥深さがそこにあるのです。

外国で生活する者にとってその国の言葉ができなければ話にはなりませんが，言葉ができたくらいで慢心してはいけません。

(皆川厚一)

# 11

# タイ王国
*Kingdom of Thailand*

### ◆ 言 語 事 情 ◆

タイの公用語は中部方言を基盤とする標準タイ語です。東北部方言はラオ語，北部方言はユアン語と呼ばれ，中部・南部方言のタイ語（シャム語）と区別されることがあります。その他，北部・東北部山岳地域ではモン・クメール系やチベット・ビルマ系の言語が話され，カンボジア国境地域ではクメール語が，マレーシア国境地域ではマレー語が話されています。

## 言 語 文 化

### ▶ 身体動作を細かく描写

　タイ語には身体部位の動きを細かく描写する基本的な動詞が数多くあります。たとえば日本語では1つの動詞「押す」であっても，タイ語では，

　　ดัน（ダン）圧力をかけて押し出す

　　ดุน（ドゥン）後ろから押す

　　รุน（ルン）どんどん押していく

 ผลัก（プラック）突き飛ばす
 เสือก（スアク）押しやる
 ไส（サイ）押しつけながら平面上を移動させる
 เข็น（ケン）押しながら重い物を動かす
など、いくつもの動詞があります。
 ほかにも「切る」であれば、
 ตัด（タット）刃物で切る
 เกี่ยว（キアウ）鎌で切る、刈る
 ขริบ（クリップ）ハサミで切る
 ซอย（ソーイ）刃物を小刻みに動かして小さく切る
 หั่น（ハン）何かの上に乗せて切り刻む
 สับ（サップ）強く速く切り刻む
 แล่（レー）刃物を横に寝かせて薄く切る
 เชือด（チュアト）刃物でごしごしと切り込む
 ผ่า（パー）縦割りに切り裂く
 ทอน（トーン）部分に切り分ける
 บั่น（バン）短く切断する
 เฉือน（チュアン）一部を切り取る
 เจียน（チアン）望む形に切り整える
 ฉีก（チーク）引き裂く
 เด็ด（デット）指で摘む、爪で千切る
 บิ（ビッ）指で小さく千切る
 ลิด（リット）伸びた枝葉を切る
 ฟัน（ファン）人を斬る

など，どのように切るか，何を切るかによって，動詞を使い分けます。

　日本語と同様，タイ語にも多くの擬態語（「どんどん」「ごしごし」など）があり，特に話し言葉でよく使われますが，これらのタイ語の動詞は，擬態語やその他の様態副詞を伴わずとも，かなり詳しい動作の様態を表せます。

　例えば，英語でもタイ語ほどではないにしろ「押す」は push, press, wheel，「切る」は cut, hash, saw, clip, shear, slice などの動詞があり，先にあげたタイ語動詞の数の多さに特段の驚きはないかもしれませんが，タイ語にはそれらの動詞よりさらに詳しい身体部位の動きを表す動詞がたくさんあります。

## ▶ 顔や頭の動かし方もいろいろ

　日本語の「うつむく」「仰向く〔上を向く〕」「うなずく」は，その動詞1語で顔や頭をどう動かしたのかを表現しています。タイ語の ก้ม（コム）「うつむく」，แหงน（ゲーン）「仰向く」，พยัก（パヤック）「うなずく」も同じです。しかし，タイ語にはこれらのほかにも，

　　　ชะโงก（チャゴーク）顔を突き出す
　　　ผงก（パゴック）頭を少し持ち上げる
　　　เงย（グーイ）うつむいた状態から顔を持ち上げる
　　　โง（ゴー）寝た状態から頭を持ち上げる

などの動詞があり，どれも日常的によく使われます。タ

  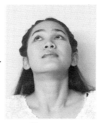

「うつむく」　　　　＜正面＞　　　　「仰向く」

イ語話者は日頃，人が顔や頭をどう動かすかに注意を払い，その細かい動作を表し分けているわけです。顔や頭の動きに限らず，タイ語話者は人間の動き全般をよく観察し，身体部位をどのように動かしているのかを見極め，その特徴を丁寧に描写します。

### ▶ 座ったままお尻で動く

タイの伝統的な高床式家屋に住む人々の食事風景は今も昔も変わりません。床に料理を並べ，家族が車座になって食事をします。そのような田舎の高床式家屋の暮らしではもちろん，都市の近代的な集合住宅の暮らしであっても，庶民は椅子に座るよりも，床や広い台坐の上で座ったり寝転んだりしてく

**伝統的な高床式の家**

つろぐのが好きです。そのような床生活の場では，立たずに座ったままお尻を動かして移動することも多く，タイの人々にとってそれは見慣れた光景です。タイ語には，

 ขยับ（カヤップ）何かしようと少し動く，少し動かす

 เขยื้อน（カユアン）少し動く，少し動かす

 เขยิบ（カユーブ）少し移動する

といった，立った姿勢か座った姿勢かを問わない若干の動きを表す動詞のほかに，特に座った姿勢で若干移動することを表す，

 กระเถิบ（クラトゥーブ）尻をずらして移動する

 ถัด（タット）尻をずらして前方に移動する

 ถด（トット），กระถด（クラトット）尻をずらして後方に移動する

などの動詞があります。これらはタイの人々の生活様式に根差した，タイ文化の中の基本的な身体動作を表す動詞であると言えるでしょう。

**お尻をずらして後方に移動中**

タイ社会で育たず，タイ語を母語としない人がそうしたタイ語動詞の使い分けに慣れるのには相当時間がかかります。よく「タイ語に

はややこしい文法がない。名詞や動詞は屈折しないし，語順もあいまいだから，どうにでも単語を並べれば言いたいことが通じる。タイに半年住めば日常会話はできるようになる」と言われます。それはそのとおりだと思います。しかし忘れてはいけないことは，タイの人々の相手を思いやる優しさ，忍耐強さ，そして勘の良さがなければ，タイ語を母語としない我々がタイ語を使ってそんなに簡単に意思疎通できるはずはないということです。また，当たり前のことですが，タイ社会に半年暮らしたくらいでは，到底，タイ語の日常会話の豊かさ，タイ語表現の真の面白さを理解することはできません。

## ▶ 姿勢もさまざま

例えば「先生が教壇で講義する」「学生が図書館で本を読む」など，人の動作を描写するとき，日本語話者なら「講義する」「読む」のように1つの動詞を使って表現するのが普通です。「立って講義する」「座って読む」と言うことは，特に姿勢に注目しているときでない限り，あまりありません。タイ語話者は，บรรยาย（バンヤーイ）「講義する」，อ่าน（アーン）「読む」という1つの動詞だけを使うこともありますが，姿勢動詞と動作動詞を組み合わせて，ยืนบรรยาย（ユーン＋バンヤーイ）「立っている＋講義する」，นั่งอ่าน（ナン＋アーン）「座る＋読む」と表現することを好みます。寝室で眠るのはนอนหลับ（ノーン＋ラッ

プ）「寝る（横になる）＋眠る」ですが，教室で居眠りするなら นั่งหลับ（ナン＋ラップ）「座る＋眠る」，通勤電車でつり革につかまって居眠りするなら ยืนหลับ（ユーン＋ラップ）「立っている＋眠る」です。

　姿勢を表す動詞を使うことで，聞いている側は実際にその場面を見ていなくても，講義したり読書したり眠ったりする人がどのような姿勢でその動作，状態にあるのかが明確に分かり，具体的な場面状況が目に浮かびやすくなります。人が身体部位をどのように動かすかを詳細に描写し，さらにその人の姿勢にも言及して全体的な場面状況を想起させる。タイ語話者はそうした話法（コミュニケーションのための思考法）を毎日の生活の中で培っていきます。

　タイ語を学習するとき，そうしたタイ語の話法に気づかなければ，いつまで経っても自分の母語の話法に頼ることになり，タイ語らしい表現を身につけることができません。タイ語の話法に気づくための一番の近道は，教室で勉強するだけでなく，積極的にタイ語話者のコミュニティの中に入っていって様々なタイ語話者と接し，彼らの話に耳を傾けることです。場面に応じた分かりやすい表現とはどういうものか。発話状況や話し相手にふさわしい言い回し，立ち居振る舞いとはどのようなものか。そうしたことを五感で理解し，身体で覚えることができます。

# フィールド・ノート

## ▶ カレン族の村で

　バンコクの大学院の言語学科で学んでいたとき，当時必修科目だった Linguistic Field Methods を履修し，期末にフィールド・ワークの実習に参加したことがあります。級友とともに担当教員に引率されて北部ラムプーン県のカレン族の村を訪れ，9日間滞在してカレン語サゴー方言の言語調査を行いました。そのときに初めてフィールド・ノートを作りました。

　フィールド・ワークでは級友と組みになり，二人で一緒にカレン語サゴー方言の呼称語（「あなた」「おじさん」「村長」など，話し相手に呼びかけたり言及したりする語）について調査しました。私はフィールド・ノートを作ったものの，音声を聞き取る能力が低かったため，カレン語話者コンサルタントに教えてもらった呼称語を正確に筆記することができず，そのフィールド・ノートはまったく役に立ちませんでした。そのとき私が辛うじてできたことは，級友が同定してくれた数々の呼称語をもとに，その語類や語構成について

**カレン族の村**

分析し，カレン族の親族体系や社会構造の特徴を考察することだけでした。

初めて訪れた村でタイ語が得意ではないカレン族の村人からカレン語の呼称語を聞き出すことは難しいことです。そこで，村の子どもたちに通訳を頼みました。子どもたちは家ではカレン語を話し，学校ではタイ語を話すバイリンガルです。私たち2人の通訳をしてくれたのは，民族衣装を身につけた快活な女の子でした。私たちをコンサルタントの家に連れて行き，私たちに代わってカレン語で質問してくれました。

彼女の父母や祖父母の世代は，ミャンマー国境付近の山岳地帯で生まれ育ち，その後ここに移住してきました。私たちが訪れたのは，タイ政府が平地に建設した山岳民族のための村だったのです。移住してきた山岳民族の子どもたちは，タイ政府が提供するタイ語による公教育を享受するようになりました。

### ▶ 20年が経ち……

あのとき通訳をしてくれた女の子は今どうしているでしょう。フィールド・ワークのときに，カレン族の女性は十代の早いうちに子どもを産んで子育てをすると聞きましたが，もし彼女もそうしたカレン族の伝統にならっていれば，もう孫がいてもおかしくありません。あるいは村を出て，習得したタイ語を活かして都市で仕事をし

ているでしょうか。彼女の子どもや孫は，彼女がそうだったように，民族衣装をまとって学校に通っているでしょうか。カレン語とタイ語のバイリンガルでしょうか。それともカレン語は聞いて分かる程度で，自在に操れる母語ではなくなっているでしょうか。

しまいこんでいた Linguistic Field Methods の期末レポートを引っ張り出してみると，製版したレポートの青い表紙が色あせていました。20年はふた昔。この20年でラムプーン県の移住村のカレン族の人々に変化があったとすれば，バンコクの大学院生にも変化があっていいはずです。大学院の後輩によると，今フィールド・ワークの実習は必修ではなくなっているそうです。昼間はフィールド・ワークに勤しみ，夜は体育館のような大広間に蚊帳をつってゴザを敷いて寝る。朝と夕方，野外のドラム缶に溜めた水で水浴びをする。帰りの道中では皆でわいわい観光地にも寄る。そうしたフィールド・ワークをしたくないという大学院生が増えた結果のようです。

私はどうでしょう。20年前の劣等感は，好奇心は，ひたむきさは，別のものに変わったのでしょうか。それとも変わっていないのでしょうか。

(高橋清子)

# 12

# ベトナム社会主義共和国
*Socialist Republic of Viet Nam*

### ◆ 言 語 事 情 ◆

ベトナムは，日本より一回り小さい32万9,241km²で，約9,250万人(2014年現在)の人口を擁する国です。ベトナム語は，ベトナムの国語です。ベトナムには公式の数字で54の民族が居住し，そのうちの1つが人口の86%を占めるキン族と呼ばれる民族で，ベトナム語はこの民族の母語でもあります。

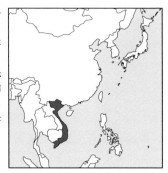

## 言 語 文 化

### ▶ 位置と方向に敏感

　ベトナム語は，事物の位置関係や動作の方向をはっきりと表現する傾向の強い言語です。

　例えば，Aさんの家が丘の上にあり，Bさんの家は丘の下にあるとします。AさんがBさんの家に行くことを「Aさん＋降りる＋Bさんの家」と表現し，BさんがAさんの家に行くことは「Bさん＋上がる＋Aさんの

家」と表現します。
ベトナム語には日本語の「行く」にあたる語もあるのですが、その語に換えて、この例のように「上がる」「下がる」

丘のある風景

などの上向きの移動、下向きの移動を表す動詞を用いることもよくあるのです。

さらに、Nという人物が建物の2階にいて、1階に降りるという動作を、「N＋降りる＋下＋1階」と着点の1階の前に「下」という意味の語を用いることがあります。これは、決して「1階の下に降りる」という意味ではありません。1階が2階よりも下にあるという位置関係が、「下」という語によって明示されているのです。

位置を表す名詞には、次のような使い方もあります。川に船があることを「下＋川＋ある＋船」と表現し、庭にバイクがあることを「外＋庭＋ある＋バイク」、空に太陽があることを「上＋空＋ある＋太陽」と表現します。なぜこのようになるかというと、ベトナム語母語話者にとって、川は陸よりも下にあるもの、庭は家など建物の外にあるもの、空は地上から見て常に上にあるもの、という認識があるからなのです。これらの「下」「外」「上」にあたる語をこのように用いるのは、その認

識が言語表現に反映されたためです。

## ▶ 事物はいかに分類されるか

　ベトナム語には，日本語の助数詞に似た類別詞という品詞があります。日本語の助数詞は「ネコ1匹」，「バイク1台」，「靴1足」の「匹」「台」「足」のように，その名詞がどのようなモノを表すかによって決まり，また，そのモノを数える単位ともなります。ベトナム語の類別詞も，これに似ていて，その名詞がどのようなモノを表すか，つまりその名詞のカテゴリーに応じて決まるものです。逆の言い方をすれば，どの類別詞を使うかによって，名詞のカテゴリーが分かる，ということになります。つまり，世界の事物をベトナム語がどのように分類しているか，ということを表している語なのです。

　ベトナム語の類別詞の中で最も代表的なものに，無生物を表すcái（カーイ）と，有生物を表すcon（コーン）があります。無生物(直感的にはモノ)のカテゴリーを表す類別詞は，

　　　cái 机
　　　cái 眼鏡
　　　cái 帽子
　　　cái ハサミ
　　　cái 時計

のように，様々なサイズや形態のモノを表す名詞ととも

に現れます。一方，con は，

　　con ウシ
　　con ネコ
　　con ヘビ
　　con トカゲ
　　con トリ
　　con サカナ

のように，様々な種類の動物を有生物という同じ1つのカテゴリーにまとめます。けれども不思議なことに，この con は，「切手」「包丁」「独楽」「目」「船」「川」「道」も同じ有生物のカテゴリーに分類するのです。

### ▶ 感情さえも分類される？

「うれしい」「楽しい」「悲しい」「寂しい」といった感情や心理状態を表す動詞を，「うれしさ」「楽しさ」「悲しみ」「寂しさ」などのように名詞化する際，ポジティブな感情・心理であるかネガティブな感情・心理であるかによって，niềm（ニエム）と nỗi（ノイ）という2つの語を使い分けます。

ポジティブな動詞を名詞にしたものとしては，

　　niềm ＋ 信じる　→　「信頼」
　　niềm ＋ 望む　　→　「希望」
　　niềm ＋ 慰める　→　「慰め」

などがあります。

反対にネガティブな動詞の例としては次のようなものがあります。

nỗi ＋ 痛む　　→　「痛み」
nỗi ＋ 苦しい　→　「苦しさ」
nỗi ＋ 疑う　　→　「疑い」

## ▶「食べる」でも食べるわけではない？

「食べる」という語は，文字通り食物を口の中に入れるという意味のほかに，別の動詞を後ろに置いて様々な意味の動詞として用いられます。「食べる＋話す」で「話す」，「食べる＋着る」で「着る」，「食べる＋おしゃれする」で「おしゃれする」といった具合です。どの場合も後ろの動詞の意味になるということに気づくでしょう。ただ，後ろの動詞を単独で用いる場合とやや異なるのは，この形の場合は「話し方」「風体」「おしゃれの仕方」といった，その「話す」「着る」「おしゃれする」動作の様態について述べているのです。

## ▶ 和語からベトナム語の漢語へ

ベトナム語の語彙には多くの漢語が含まれます。古い中国語から入ったものが多くの割合を占めますが，江戸晩期から明治初期の日本の学者が西洋の学問に関する書物を訳す際に，西洋語の訳語として作った「社会」「経済」「哲学」などの語の例もあります。このほかに，お

もしろいものとしては、日本語の和語がベトナム語に入って漢語になった例があります。これは、漢語であればベトナム語ではそれをベトナム語で発音できる、つまり音読みできる、という事情によります。

日本語の「手続き」は「てつづき」と発音し、漢語ではなく和語ですが、「手続」という漢字をあてます。ベトナム語ではこの漢字を「トゥー・トゥック」のようにベトナム語流に音読みで発音し、同じ「手続き」の意味で使います。「立場」も和語で、読みは「たちば」ですが、ベトナム語では「ラップ・チュオング」のように音読みし、「私があなたの立場なら」の「立場」の意味で用います。「場合」もそうで、日本語では「ばあい」と発音される和語ですが、ベトナム語ではこれを「チュオング・ホップ」のようにベトナム語式に音読みし、意味はそのまま「明日雨が降った場合は」などの「場合」として使うのです。

このようなことがなぜ起こったのか、その歴史的経緯は今一つ明らかではありませんが、日本とベトナムの繋がりを感じさせるおもしろい例と言えます。

## ▶ ところ変われば

日本語ではバンレイシ（番荔枝）ともシャカトウ（釈迦頭）とも呼ばれる果物があります。中南米辺りの原産とされるバンレイシ科の植物の果実です。これがベトナム

北部のバンレイシ　　　　南部のバンレイシ

の南北では、同じバンレイシでも、形が違っていたり、呼び名も異なっています。

　北部でよく見られるバンレイシは「ナー」と呼ばれ、その形がいかにもお釈迦様の頭のようです。北部の人にとってはバンレイシのイメージはこの「ナー」なのです。一方、南部でよく見られるバンレイシは「マンカウ」と呼ばれます。いびつな形で棘があります。南部の人にとってバンレイシはこの「マンカウ」のイメージです。「マンカウ」は、南北の2種類のバンレイシの総称としても用いられるのですが、北部のバンレイシ、つまり「ナー」を指すときは「我々」を意味する「ター」を後ろに付けて「マンカウ・ター」、南部のバンレイシを表すときはタイの古い呼び名「シャム」の意味の「スィエム」を後ろに付けて「マンカウ・スィエム」あるいは「棘」の意味の「ガーイ」を後ろに付けて「マンカウ・ガーイ」と呼びます。ただ、南北どちらのバンレイシも味はよく似ていて、生で食べたりスムージーにしたりし

ます。バンレイシは英語では custard-apple（カスタードアップル）と呼ばれたりするようですが，確かにカスタードのように甘い味がします。

# フィールド・ノート

## ▶ 聞き取れないもどかしさ

私がまだ二十代の頃のことです。ベトナム中部のクワンビン省に言語調査に行ったとき，ベースキャンプにしていた公務員宿舎の近くに農家があり，その家に食事のお世話になっていました。その家には6～7歳の娘がいて，毎日「ご飯ができたよ」と呼びに来てくれました。

クワンビン方言は，私のなじんでいるハノイ方言とは大きく異なり，たいへん聴き取りが難しく思われました。彼女が言うことも，「ご飯ができたよ」ということ

**クワンビン省にある村**

以外はほとんど聞き取れなかったのです。宿舎には私のベトナム人の先生もいたので，その子は先生と話すことが多く，私はそれを聞いているだけのことが多かったのですが，ある日，私が１人で宿舎にいるときに彼女が呼びに来てくれました。「ご飯ができたよ」は分かったのですが，そのほかに彼女の話しかけてくれることがほとんど分からず困りました。別の日に，彼女と同い年くらいの，近くに住んでいる先生の親戚の娘と彼女が話しているのを聞いていると，「このおじちゃんは私のいうことが分からないみたい」と言っているのが聞こえて，へこみました。しかし，なぜかそう彼女が言っているのは分かったのです。

### ▶ 青年兵士と酒売りの娘

　これもクワンビン省の山奥に少数民族の言語調査に行ったときのことです。

　その民族は，１民族１村で，村人は数十人でした。私が行くのは２回目でしたが，その４年ほど前にいったときに比べると，井戸が掘られていたり，集会所があったりと，少し環境がよくなっていました。

　この村に行くとき，クワンビン省の省都のドンホイという街から，たまたまこの村に向かう軍隊のトラックに乗せてもらいました。といっても，乗ったのは荷台で，森の中の舗装されていないでこぼこの道を数時間走りま

**酒の行商をする若い2人の娘（右端の2人）**

した。枝が低く垂れさがった木のところでは，サッと姿勢を低くして枝にあたらないようにしなければなりませんでした。

　ようやく村に着くと，部隊の炊事班の若い兵士が，自分たちの夕食を準備するついでに，私と，同行のベトナム人の先生のために食事を作ってくれました。彼らは快活で礼儀正しく，気持ちの良い青年たちでした。

　その村には，平地から酒を担いでやってきて，数日間村に滞在し，求めに応じて少しずつ酒を売り，また次の村に移っていく，酒の行商を生業とする若い娘が2人来ていました（写真の右端の2人）。2人とも話好きの気のいい娘でしたが，その1人が，私の音声記号が書かれたフィールド・ノートを何かとても不思議なものを見るような眼で，しげしげと覗き込んでいたことを覚えています。

（春日　淳）

# 13

# 中華人民共和国
*People's Republic of China*

### ◆ 言 語 事 情 ◆

中華人民共和国は日本の約26倍の国土を有し，56の民族からなる多民族国家です。少数民族の多くは独自の言語をもつため，「中国語」の正式な名称は漢族の言葉という意味で「漢語」となります。漢語の方言同士も外国語のように通じないため，北方方言を基礎方言とする「普通話」と呼ばれる共通語が使われています。

## 言 語 文 化

### ▶ 中国語の「猪」は「豚」のこと

　中華人民共和国が成立してから，旧体字（繁体字）の漢字を簡略化して「簡体字」と呼ばれる漢字を使用するようになりました。日本では，日本式に簡略した漢字を用いていますし，台湾では今も繁体字が使われていますので，世界には3種類の漢字が使われていることになります。簡略化の対象とならなかった漢字も多数あります

から，共通のものもありますが，例えば，常用漢字の「図」が繁体字では「圖」，簡体字では「图」というように，時には三者三様になることもあります。

簡略化する前の元の漢字は同じですが，実際には同じ漢字であっても意味が異なるものも，日本語と中国語の間には少なからずあります。

中国語では「手纸（紙）」はトイレットペーパー，「娘」はお母さん，「老婆」は女房・妻・かみさん，「汽车（車）」は自動車，「汤（湯）」はスープ，「爱（愛）人」は妻から見て夫・夫から見て妻，「走」は歩く，「方便」は便利，「猪」は豚のことです。中国から十二支も伝わってきましたが，日本での猪年は中国では豚年となります。中国語では猪は「野猪」と書きます。

けれども，漢字は表意文字であるため，中国語の単語を覚える楽しさや覚えやすさがあります。「足球」はサッカー，「棒球」は野球，「羽毛球」はバトミントンというように，意味を考えると楽に単語が覚えられます。ミニスカートは「迷你裙（ミーニーチュン）」と書きます。「你」は「あなた」，「裙」はスカートの意味なので，「あなたを迷わすスカート」となり，音訳と意訳を上手に組み合わせたユーモラスさを感じさせる単語です。

## ▶「9」は尊い数字

日本人にとって「9」は「苦」と同じ発音であるた

**故宮にある九龍壁**

め，あまり好まれる数字ではありません。しかし，中国の伝統文化では，「9（チョウ）」は究極なものの象徴であり，また縁起のいい数とされています。

　森羅万象を陰と陽に分けて考える中国の陰陽思想では，奇数を陽数，偶数を陰数と分類しました。「9」は1から9の数字の中で最大の陽数なので最高最多を示すと同時に，永久の「久」の字と発音が同じなので，縁起の良い吉祥の数だと人々は考えました。そのため皇帝に好まれ，故宮の宮殿の各門には化粧釘が横9列縦9列打たれ，壁に飾られた龍は9匹というように，故宮のあちらこちらに「9」へのこだわりが見られます。

　旧暦の9月9日は9が重なるという意味で重陽節と言われ，伝統的祝日となっています。

　それぞれの文化によって数字への思いは様々であり，好きな数字も嫌いな数字も様々です。

## ▶ 中華料理の名前は合理的

中国語では，料理名を見れば多くはどんな料理か分かります。例えば，「清蒸桂鱼（チンチョンクイィゥ）」であれば，「清」は塩味を示し，「蒸」は蒸した料理を示し，主たる材料は「桂鱼」（スズキに似た淡水魚）という情報が示されています。実際大きなお皿に塩味で味付けされた桂魚が一匹丸々蒸されて出てきます。

もちろん例外はあります。「佛跳墙（フォティアオチアン）」（日本の漢字表記／仏跳牆）という福建料理がありますが，「墙」は塀のことで，僧侶が美味しそうな匂いに誘われて塀を飛び越えて来るほど美味しい料理，という意味です。この料理はフカヒレ，干しアワビ，豚の筋，鶏肉，アヒル肉など十数から数十種もの材料を陶のツボの中で長時間煮込んで作るものです。

時には，材料をそのまま表現しないこともあります。広東料理に「龙虎斗（ロンフートゥ）」（龍虎闘）という料理がありますが，龍は蛇を表し虎は猫を表しています。つまり，この料理の主たる食材は蛇と猫ということです。

四川料理の「鱼香肉丝（イゥシアンロウス）」（魚香肉絲）の「鱼香」は，にんにく，葱，生姜，豆板醤，醤油，甘酢などを合わせた調味法のことで，千切りにした豚肉を炒めたものです。魚は出てきませんのでご注意を！

## ▶「コウモリ」（蝙蝠）は幸福のシンボル！

**五匹のコウモリと
「寿」を用いた吉祥図案**
（出典：鄭軍編著『民間吉祥図案』
北京工芸美術出版社, p.55）

中国では伝統的に縁起へのこだわりが強く，多くの絵画や刺繍，装飾品等に吉祥図案がよく見られます。日本でも鯛は姿と色が綺麗な上に，「めでたい」に通じるところから，縁起の良い魚とされますが，中国でも発音が似ている，もしくは同じことから動物や果物，植物など様々なものに吉祥の意味を見出しています。

　例えば，コウモリは中国語でも「蝙蝠（ビエンフー）」と書きますが，「蝠（フー）」の字は幸福の「福」の字と発音が同じために，中国では幸福を象徴する動物です。五匹の「蝙蝠」が描かれている場合，「五福」，即ち中国人の幸福感を示す「長寿，富，健康，美徳，天寿」を表す吉祥図案となります。

　牡丹の花とチョウチョと猫が描かれている図案は，牡丹の花が富貴を表し，「猫（マオ）」と「蝶（ディエ）」を合わせると七，八十歳の年齢の老人を示す「耄耋」と発音が似ていることから，富貴と長寿を願った吉祥図案となります。

## ▶「谢谢」≠「ありがとう」

「谢谢（シェシェ）」も「你好（ニーハオ）」もいずれも中国語を習い始めた時に真っ先に学ぶ言葉です。

「ありがとう」は「谢谢」,「こんにちは」は「你好」と訳せるのですが,用いるシチュエーションには違いがありますので注意が必要です。

例えば,「谢谢」は,家族間ではもちろんのこと,友人同士や,恋人同士など親しい間柄では使わないのが習慣です。お互いの関係を考えれば,何かをしてあげたりしてもらったりするのは日常的で当然なことだと考えるため,むしろ「谢谢」と言う方が距離感を感じさせられたり,水臭いと思われたりします。このことは,日本人が中国人の恋人に嫌われたと思ってしまったり,ビジネスパートナーとうまく行っていないと勘違いする元になったりしています。

また「你好」や「你」の敬称を用いた「您好（ニンハオ）」は初対面では常用される挨拶ですが,親しい人や普段よく顔を合わせる人などには使わない挨拶です。

そうした間柄では,よく「你吃饭了吗？（ニーチーファンラマ）」（ご飯食べましたか）がよく使われますが,「李主任（リーチュレン）」（李主任）,「老王（ラオワン）」（王さん）というだけでも挨拶になります。「你出去吗？（ニーチュチゥマ）」（お出かけですか）とか,「上课吗？（シャンカマ）」（授業ですか）というように出会った時にその場で頭に浮かん

だ相手に関することを言うのがポイントです。

# フィールド・ノート

## ▶ ウルムチで出会ったモンゴル人

　新疆ウイグル自治区の首府であるウルムチを訪ねた時のことです。ちょうど綿の収穫期で，通りに並ぶ綿をぎっしり積みこんだ車の列に目を奪われました。新疆綿はエジプトのギザ地方のギザ綿，アメリカのアリゾナ州のスーピマ綿と共に世界3大高級綿と呼ばれています。

　新疆ウイグル自治区は，ウイグル族だけではなく，カザフ族，回族，キルギス族，モンゴル族などの少数民族が居住する多民族地域で，多くの漢族も入植しています。

　ふとしたことで出会ったモンゴル族の男性といろいろ話をしていると，急に思い出したように，「日本から来た若者は，学校で中国語を勉強しているとよく言うけれど，それは中国語ではなく漢族の言葉ですよ。私はモンゴル族だけど私も中国人だ

**新疆綿を運ぶトラックの列**

から,私がいつも家で話しているモンゴル語だって中国語ですよね」と抗議するように言ったのです。授業でいつも学生に,「中国語」という言い方は正確ではなく,正式には漢族の言葉ですから,「漢語」と言うのですよと教えていたので,「全く同感ですね」と言うと,「そういう日本人もいるんだ」と嬉しそうににっこり笑いました。

チベット自治区に行けば,「ここでは漢族が少数民族だぞ」と言うチベット族の人と出会ったりします。このモンゴル民族の人との出会いも,マイノリティの思いが伝わってくる出来事でした。

### ▶「胡同」(フートン)巡り

中国の北方地域では,町の路地や小道を「胡同(フートン)」と呼び,それぞれの胡同に「○○胡同」というように名前を付けています。なぜ「胡同」が路地や小道の意味を表すようになったかは定かではありませんが,かつて,どの道にも井戸があったため,モンゴル語の井戸を表す単語の音訳からできたのではないかという説が今のところ有力です。

胡同の名前は時代と共に変化することも多いのですが,名前が元の時代から600年以上ずっと変わらない胡同として「砖塔胡同(チュアンターフートン)」は有名です。「砖塔」(磚塔)というのは煉瓦の塔という意味で,元代

飛龍橋胡同の入り口

の著名な官僚，耶律楚材(ヤリツソザイ)の師である高僧，万松(バンショウ)老人のお骨を納めた塔が今も残っています。かつて魯迅も住んだことのある胡同です。

ある時，故宮の東南側にある門のすぐ近くにある飛龍橋胡同（フェイロンチアオフートン）を歩いていた時のことです。名前からするとどこかに橋があるはずなのですが，細い小道で，どこを見回しても橋はないのです。不思議に思ってたまたま出会った人に尋ねると，家を建て替えるのに近くを掘り返したところ，両手を広げた位の小さな石橋が出てきたというのです。この胡同はかつて皇帝がその橋を渡り，お忍びで街に遊びに出るときに通った道とのことでした。

中国では龍は想像上の動物で皇帝のシンボルですから，飛龍橋胡同という名前には歴史と文化がしっかり刻み込まれていたというわけです。

## ▶ 成功者の悩み

1978年以降，推し進められてきた近代化政策は，中国社会に高度経済成長をもたらし，商才のある人は商機を逃さず，様々なビジネスにチャレンジしました。Aさ

んもその1人です。

　友人の紹介で真珠売りのAさんと出会ったのは，今から20年以上前のことです。彼女は浙江省出身で，当時，おかっぱの可愛い十代後半の女の子でしたが，すでに母親と共に自由市場の小さな露店で働き，時には外国人の住むマンションへ出張販売に出かけていました。

　そのAさんに十年余り後に会った時には，大きなビルに店舗を構える会社の社長さんになっていました。改革・開放期の成功者としてテレビにも出演したことがあるということです。

　ところが，話をしてみると悩みは尽きないようでした。税務署の人や，経営上関わらざるを得ない役所の人から，「今日は何も予定がないんだけど……」と電話がかかってきて，暗に宴席の催促をされるのだそうです。それにうまく対応しないと後で必ず難題を吹きかけられるというのです。

　2013年に国家主席に就任して以来，習近平は「蠅も虎も叩く」として「反腐敗」と「汚職摘発運動」に取り組んでいます。中国語で「上梁不正下梁歪（シャンリアンプーチョンシアリアンワイ）」（上の梁が曲がっていれば下の梁も歪む：人の上に立つものが正しくないと下のものも悪くなってしまう）という諺があります。Aさんのビジネス環境が改善されるといいのですが……。

（花澤聖子）

# 14

## 大韓民国
*Republic of Korea*

### ◆ 言 語 事 情 ◆

今日，朝鮮半島には，大韓民国（韓国）と朝鮮民主主義人民共和国（北朝鮮）の2国家が存在します。ともに使用言語は朝鮮語で，約10万 km² の韓国には約5,000万人，約12万 km² の北朝鮮には約2,500万人が住んでいます。このほか，海外コリアンが世界各地に約700万人に住むとされ，朝鮮語を解する人々も少なくありません。

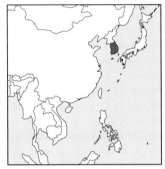

## 言 語 文 化

### ▶「花より団子」── 食をめぐる慣用句

どれほど美しい景色を目の前にしても，空腹を満たす食が優先されるのは日本も韓国も変わりありません。例えば，日本では「花より団子」というところ，韓国では「金剛山(クムガンサン)も食後景（金剛山の見物も食べた後）」といいます。現在，金剛山は38度線以北にありますが，朝鮮半島で風光明媚な山として知られ，1998年以降の一時期には

韓国からの観光客を受け入れていました。韓国には他地域に劣らず，食に関わる諺が多く存在します。

例えば，日本では「隣の芝生は青くみえる」のですが，韓国では「隣の餅は大きくみえる」ようですし，「取らぬ狸の皮算用」は，まだ誰かが餅をくれるともわからないのに，「(餅を消化するのによいとされる)キムチ汁から先に飲む」という諺もあります。また，あまりにもおいしい食事は「2人で食べて1人が死んでも分からない(ほどおいしい)」と表現されます。「目先が利けば寺に行っても塩辛を得る」も，目先が利けば，通常ではありそうもないものまで探しだせるという意味の諺ですが，食に関連させてユーモラスに表現しています。

韓国では朝鮮戦争後から1960年代までひどい食糧難が続きました。医食同源の元になったことばである「薬食同源」が重要視される国柄ですから，「武士は食わねど高楊枝」の日本とは異なり，まずは食べることが大切だったといえます。「食事は済ませましたか」というのが，一時期，韓国の挨拶でした。客人には必ず食事でもてなす習慣も残っており，ご飯は大盛りです。食こそ生活の中心であることは間違いないようです。

日本では，2つのよいものを同時に手に入れたとき，「両手に花」と表現しますが，韓国では「両手に餅」と表現します。まさに，「花より団子」で，どうも韓国の方が食に関しては執着心が強そうです。

## ▶ 朝鮮語と日本語との深い関係

　映画『チング（邦題：友へ　チング）』がヒットしたことで，「シタバリ」という語がちょっとしたブームになりました。2001年の映画公開後のことです。シタバリは「子分，使いっ走り」の意味で用いますが，もとは日本語で，「下回り」が転じたものです。この言葉にかぎらず，韓国では，日本語に由来する語がまだ多く残っています。

　日用品ではワリバシやタライ，チラシ，クドゥ（靴），スメキリ（爪切り），ヨージ（つまようじ），人物や職業ではオヤブンやコボン（子分），ノガダ（土方・土木作業員）やセンセー（先生），食物ではタマネギやタッカン（たくわん）などが，たまに使われます。自動車の運転をしていれば，イッパイ（ぎりぎり）やマンタン（満タン）といった言葉も聞こえてきます。

　これらは主に日本統治時代に定着した語で，徐々に淘汰されるかもしれませんが，近年においても目立たないかたちで日本式の単語が定着していったりもしています。例えば，不動産屋を表すポットッパン（福徳房）という看板は1990年代から徐々にプドンサン（不動産）に取って代わりました。パプサン（-膳）からシッタッ（食卓）に変わったのも時代の変化でしょう。日本式外来語もみられます。メニューを表すシッタン（食単）がメニューパン（-板）と呼ばれ，学生はアルバイト，ある

いはアルバ（アルバイトの略語）に勤しみます。

　一方，2002年のサッカーW杯日韓大会以降でしょうか，日本で再び4強や8強，16強という言い方が目立ってきました。昔はともかく近年では「ベスト〜」といってきた言葉です。これは韓国で用いられた言い方が，日本でも新聞の見出しなどを短くするのに便利で使われ始めたといえそうです。そのほか，真偽の確認は必要ですが，古代に朝鮮半島から日本に渡ってきた語も多いことでしょう。

　語源を知るのは楽しいですが，これを優劣に結びつけるのでなく，互いの地域で単語を共有し，ときに変化させ，共に暮らしていると知ることが大切でしょう。

## ▶ ハングルか，漢字か

　ハングルで書かれた文章のおおよそ5割ほどは，漢字に置き換えられるともいわれています。しかし，韓国では一時期，これら漢字を使用しないという方針をとっていました。第2次世界大戦後，敗戦した日本による植民地統治が終わり，アメリカによる占領期に入ると，民族文化の回復から，ハングルを

ハングルを創った世宗王（セジョン）

前面に押し立てるようになりました。その最たるものが，1948年10月9日の「ハングル専用に関する法律」公布で，これにより公文書はハングルで書くことが定められ，漢字が排除されていきます。これらを推進していく主張はハングル専用論といわれたりもしました。この動きは，一種の愛国運動の色彩を帯びていましたが，語彙レベルで多く含まれていた漢字語や外来語を韓国の固有語に置き換える国語醇化運動も，その一環といえるかもしれません。

　この時代に教育を受けた「ハングル世代」以降，漢字の識字能力が落ちていきます。1988年には，漢字を排除したハンギョレ新聞も創刊されました。その後，時々に漢字教育が取り入れられたりもしましたが，大半の出版物から漢字が排除された社会状況で，今日では住所や自分の名前すら漢字で書けない若者が増えたといい，さらにはコンピュータや携帯電話の普及により，ハングルすら上手に書けない子どもも少なくないといいます。

2010年に光化門(クヮンファムン)が再々建された際には，扁額(へんがく)（主に建物名を書いてかけられる額）の文字をめぐって，漢字かハングルか議論が巻き起こりまし

**光化門と扁額**

た。結果的には朝鮮時代の原形に従って漢字になったのですが，1972年に朴正熙(パク・チョンヒ)大統領が再建した際，民族意識を強調するあまり，ハングルで扁額を書いたことが論争の種であったといえます。

近年でも，ハングルに対する思い入れは強く，とくに日本語に由来する語彙の排除がみられる一方，漢字学習の必要性が説かれるなど，揺れ動いています。

## フィールド・ノート

### ▶ 多様化する社会，多様化する家族

韓国は，長く単一民族国家という幻想にとらわれてきましたが，今日になり，ようやく多様さを認識するようになってきました。韓国でマイノリティとして歴史が長いのは華僑(かきょう)の人たちで，韓国統計庁によれば，2014年で，登録外国人として2万1,014人が住んでいます。彼らの出身地は主に山東省ですが，移住した経緯からほとんどが中華民国籍（台湾籍）で，現在では多くが台湾に親戚をもっています。マイノリティとしての彼らの立場は苦しく，過去，土地所有に厳しい制限が設けられるなど，差別的待遇のために1970-80年代に国外に多数移住しました。そのほか，日本統治時代に内鮮（日本と朝鮮）一体という考えから内鮮結婚が進められ，韓国に移り住

錦山における合同国際結婚式

んだ日本人妻がいますし，在韓米軍も一時的滞在ながら，「混血児」を生みだすなど韓国社会に多様性をもたらしました。

　近年，外国人労働者の流入や農村の嫁不足などを主要因とし，国際結婚が増えました。統計庁によれば，近年（2013年）で8.1%，2005年には13.4%を記録しており，日本の3.2%（2013年）と比べても多い数です。韓国では，国際結婚の家庭を「多文化」と呼び，政府は多文化家族をいかに受け入れるかに頭を悩ませています。過疎化地域ほど嫁不足が深刻で，2010年に忠清南道錦山郡の多文化家族支援センターを訪れた際，人口6万人弱の錦山に住む外国人花嫁は349人で，ベトナム女性が205人，フィリピン女性が52人，中国女性が46人，日本女性が33人，カンボジア女性が9人，ウズベキスタン女性が3人，タイ女性が1人と聞きました。国際結婚には社会的偏見が強く，DVや子女の差別問題まで起きる一方，農村部の小学校では外国人花嫁が文化活動を行ったり，PTAとして発言権を持ち始めたりするなど，外国人花嫁の存在にたよる地域もでてきました。

　また，3万人弱（2015年）になる脱北者は同じ民族な

がら1つの「民族集団」を構成しています。

### ▶ 粉食 (ふんしょく) の広がり

韓国でフィールド・ワークをするといって，同期からうらやましがられたのは，料理がおいしいことです。確かに，日本からみて韓国にはあまり珍しい食習慣はなく，食材も大きく異なりません。ただ，辛口が苦手な人はそれなりに不便さを感じるかもしれません。

その中，日本人が辛さから解放されて値段も気軽に食べられる代表格に粉食があります。現在では，どれほど小さな町にも中華料理店があります。ここでいう中華料理店は高級なコース料理などとは無縁で麺類や餃子などを中心とした店です。他にも「粉食店」があり，そこではラーメン（インスタントラーメン）やクッス（そうめん），蒸し餃子やあんまんなどが売られています。屋台のホットック（蜜入りのお焼き）やたい焼きは人気です。

一般的に米など粒食 (りゅうしょく) が盛んな地域では，粉食はその下位におかれがちです。また『韓国の食文化史』（尹瑞石，1995年，ドメス出版）や『韓国料理文化史』（李盛雨，1999年，平凡社）によれば，麺や包子，餃子の類は高麗時代に

「粉食店」で売られている「あんまん」

入ったとされます。朝鮮半島では小麦栽培があまり盛んでなく、小麦粉は中国大陸から持ち込むために高価で、蕎麦粉や緑豆粉が一般的でした。そこで麺料理や小麦粉食が祝宴などでは珍重されても、基本的に蕎麦粉や緑豆粉による粉食は粒食の補完、あるいは救荒食(きゅうこうしょく)的な意味合いを持っていました。

ところが、1900年代になって中華料理が流入していくと、粉食を含む中華料理が高嶺の花と捉えられていきます。また、1955年に韓米間で締結された余剰農産物導入に関する協定で大量の小麦粉が流入し、その後、韓国政府も混食粉食を奨励する中、徐々に粉食が普及していきます。今では、粉食は軽食や受験生の夜食に欠かせなくなっています。

## ▶ 植民地期を生きた人々

終戦70周年を迎え、戦前を知る人たちが年々、減ってきています。「灯台もと暗し」というように、遠方のことを知るのも大切ですが、まずは自分の生まれ育った土地や周辺地域に関心を向けていく必要があるでしょう。とくに戦中に何があったのか、軍国主義の台頭が叫ばれる状況で、当時を見返す作業は不可欠です。何も知らずに不戦を唱えても説得力はありません。残念なことに、現代東アジアの若者も、どれほど戦中を知っているかといえば、自国のプロパガンダに振りまわされるか、

それすら語れない状況も生まれつつあります。美しいだけでも悲惨だけでもない，戦中の生活を知ることは大切です。

1997年から約1年間，忠清南道公州市(コンジュ)の薬草商人を対象に調査したことがあります。すでに他界した1922年生まれのジイさんは日本統治時代のこともよく覚えていました。貧しくて学校に通いたくても通わせてもらえなかった話，近所の女子生徒から教科書を借りて読んだ話，父に従って肉体労働にでた話，学費負担が少ない仏教系の夜間学校に姉と一緒に通った話など，フランスの歴史学者フィリップ・アリエスの話を彷彿とさせます。もともと子どもは「小さな大人」にすぎず，働ける年齢になれば，皆働いたのに，彼らから労働を解放し，教育の義務を与えることで「子ども」を生みだしたという話です。

日本統治時代に日本留学し，帰国後に起業した錦山郡の製薬会社社長はとても懐かしく東京暮らしを語ってくれましたし，日本で生まれ育ち，終戦による帰国後は引揚者ばかりが集められた長屋で暮らした夫婦は，毎年日本旅行を楽しみ，日本の時代劇が好きといいます。もちろん，悪い感情を持っている人，つらい経験をした人など，さまざまです。当時の経験から学び，次世代につなげていくのも私たちのすべきことに思われます。

（林　史樹）

# 15

## 日本
*Japan*

### ◆ 言 語 事 情 ◆

日本の方言は，大きくは，奄美大島以南の琉球方言と，それより北の本土方言に分けられます。また，日本語にはアイヌ語から入ってきたことばもあります。ラッコやオットセイなどの語がそれで，また北海道を中心にアイヌ語起源の地名もたくさん残されています。

## 言 語 文 化

　日本は面積はそれほど広いとは言えませんが（国連統計局のデータでは，世界で61位），南北に長く，北海道の稚内の北緯は，アメリカ大陸でいえばカナダのモントリオールやアメリカのオレゴン州ポートランドとほぼ同じ，また沖縄県の波照間島はバハマやメキシコ北部と同じくらいの位置にあります。この南北の長さはヨーロッパで言えば，その主要部を覆うほどになります。

このように南北に長い日本ではさまざまな言葉のバリエーションが見られ，南と北では大きく異なります。

## 『坊ちゃん』の方言訳

次の2つの文章を比べてみましょう。

(1) 親譲（ゆんず）りの無鉄砲（やんちゃ）で小供（わらし）の時（どき）がら損ばりしてる。小学校（しょうがっこ）に居（え）る時（どき），学校（がっこ）の二階（にがい）がら飛び降りで一週間（えっしゅかん）ばり腰抜がしたごどある。なしてそったら馬鹿（ばが）だ事（こど）したがど聞く人（しと）があるがも知れね。(平井昌夫・徳川宗賢編『方言研究のすべて』1969年，至文堂刊より)

(2) 親譲（うやゆじ）りぬ無鉄砲（なまちゃー）し子供（わらび）ぬ時（とぅち）から損（すん）びけーそーん。小学校んかい居（う）る時分学校ぬ二階（にーけー）から飛（とぅ）び降（う）りてぃ，一週間程（さく）腰（くし）抜（ぬ）がちゃる事（くとぅ）があん。何故（ぬーんち）うん如（ぐとぅー）る無闇さがんでぃ聞（ち）ちゅる人（ちゅ）が居（う）がすら知らん。
(宜志政信『坊っちゃん 沖縄方言版』新星出版より)

どうでしょう，実際の発音を聞くとほとんど分からないかもしれませんが，このように文字にし，さらに漢字を交えるとある程度見当がつくのではないでしょうか。

どちらも夏目漱石の『坊ちゃん』の最初の部分を方言訳したもので，(1)は北海道の南部漁村の，(2)は沖縄本島中南部の方言です。

## ▶ 北海道と沖縄の方言の特徴

上に上げた2つの方言にどのような特徴があるのか確かめてみましょう。

まず北海道の南部漁村の方言。北海道の言葉，というと共通語に近いのではないかと思う人が多いかもしれませんが，南部の漁村は江戸時代以前から和人（アイヌ人に対する日本人の呼び名）が住んでいて，北海道の他の地域とは大きく異なる方言が話されています。この言葉にはどのような特徴があるでしょう。上の文章をみると，「二階」がニガイ，「事」がコドのように語中の清音が濁音になり，さらに「親譲り」がオヤユンズリのように，語中に濁音がある場合，その前にンが入っています。その他，「一週間」はエッシュカンと，イがエに，シュウが短くシュになっています。共通語の音がどうなるとこの言葉になるのか，ルールが分かると，ある程度理解できるのではないでしょうか。ちなみに，ここにあげた特徴は東北地方の方言と共通するところが多いものです。

では，沖縄の方言はどうでしょう。まず，「親」がウヤ，「損」がスン，「おる（居る）」がウル，「こと」がクトゥのように，共通語のオ段の音がウ段の音になってい

ます。また,「子供(わらび)」は「童(わらべ)」,「理由(ワチ)」は「訳(わけ)」なので,エ段の音がイ段の音になっています。ほかに,「譲り」のズがジに,「時」のキがチなっています。ここでも,共通語と沖縄の言葉の対応を頭に入れておくと,分かる言葉が出てきます。

## ▶「高い」はタケー,「絶対」はゼッテー

　共通語になくて北海道の言葉と沖縄の言葉に共通する特徴はないでしょうか。ちょっと見るとなさそうですが,北海道で「知れない」がシレネとなっているように,siranai の ai がエ段の音になっています。一方,沖縄県では,「二階」がニーケーと,やはり ai がエ段の音になっています。このように,共通語で ai や oi, ui のように母音が続くとき,母音を伸ばして発音する方言は広く見られます(「黒い」がクレー,「寒い」がサミーやサビーなど)。たとえば,東京の下町言葉でもこのような発音をします。さらに,東京の若い人でも,「高い」をタケー,「絶対」をゼッテーのように言う人がいます。ただ,若い人と以前の言葉との違いは,若い人は「高い」など形容詞のほかには,「絶対」や「おまえ」など特定の言葉だけ,このようにいうのに対して,以前は,「大根」をデーコン(あるいはデーコ)というなど,多くの ai がエ段の長音で発音されていました。

### ▶ 消滅の危機にある日本の方言

2009年ユネスコが消滅の危機にある言語を発表しました。そこに日本の8つの言語・方言が含まれています。北海道のアイヌ語がきわめて深刻，沖縄県南部の八重山・与那国の言葉が重大な危機，沖縄県の沖縄方言・国頭方言・宮古方言，鹿児島県の奄美方言，そして東京都の八丈方言が危険と判定されています。

このような消滅の危機はなくても，その他の方言も世代が下がってくると，大きく変わってきています。例えば，東京でも昔ながらの下町弁や山の手言葉はあまり聞かれなくなっています。上で見たaiの発音もその1つですが，「鏡」の「が」を鼻にかかった発音にする，いわゆる鼻濁音も若い人の間ではあまり聞かれません。このほか，単語でもおよそ60年前の調査では，「(魚の)うろこ」をコケやコケラ，「梅雨」をニューバイといっている人が都心でもいましたが，今では知らない人が多いのではないでしょうか。

### ▶「気づかない方言」もたくさん

全国的に共通語になっているのでしょうか。例えば学校で研究の発表や壁新聞などに使う大きな紙のことを何と言っていますか。「模造紙」(モゾウシ)という人が多いでしょうが，タイヨーシやビーシ，ガンピ，ヒロヨーシ，あるいはこれ以外の言葉を使うという人も多いので

はないでしょうか。この紙は学校という場で使われることが多いので、自分がいつも使っている言葉がその地域独自の言い方であると気がつかないことも多いものです。

では、公立のある学校に通える地域のことを何と言うでしょう。「学区」でしょうか、「校区」でしょうか、「校下」でしょうか。これも、西日本には「校区」が多く、北陸などでは「校下」を使う、というように地域による違いがあります。これらの語は口頭で話すときだけではなく、公的な文書や新聞などでも使われます。ですから、方言という意識は弱いかと思いますが、地域差のある言葉です。

このほかにも、学校の「休み時間」や「黒板消し」「定規」など、教育に関係の言葉には、なぜか地域差が見られることがあります。これに限らず、共通語だと思っていた言葉が、実は他の地域では通じないということが、しばしばみられます。

## ▶ 肉まん？　豚まん？

中に豚肉の入った中華まんを、東京では「肉まん」、大阪では「豚まん」と言うという話を聞いたことのある人は多いでしょう。この違いは、何によるかというと、「ニク」が、地域によって豚肉を指したり、牛肉を指したりするからです。つまり、東京ではニクといえば豚肉

なので、単に「肉まん」と言えばよいのに対し、大阪ではニクは牛肉になるので、豚肉を使った中華まんは「豚まん」と言わなければならないのです。

　このニクという語がどの肉をいうかを全国で調査した結果が次頁の地図です（この地図は国立国語研究所の共同研究プロジェクト「方言の形成過程解明のための全国方言調査」の結果による）。この地図を見ると、確かに東京を含め東日本でニクは豚肉を指すという地点が多いのに対し、大阪はじめ富山・岐阜・三重県辺りから西ではニクは牛肉のことをいうという地点が多くなります。ただし、西日本でも九州では豚肉を指すところが増え、種子島・屋久島以南はまた豚肉を指す地域になります。

　この違いは、実際の消費量の違いとも関係します。例えば、肉ジャガは何肉を使って作るでしょう。なぜこのようになったのかについては、家畜として何を飼っていたかや、歴史的な背景が関わっていると言われます。

　このほかにも、同じ言葉が地方によって、意味が異なるということがあります。例えば、ただ「イモ」と言うと、何芋を指すでしょう。ジャガイモでしょうか、サツマイモでしょうか、サトイモでしょうか、それともほかの芋でしょうか。これも、それぞれの地域における消費や栽培の状況との関係の中で決まってくるようです。

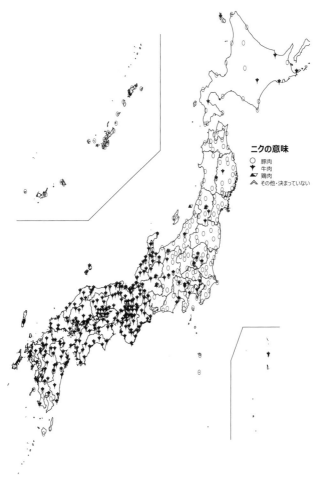

「ニクの意味」の分布図

# フィールド・ノート

　大井川の上流に井川という地域があります。大井川の上流ですが静岡市の一部で，南アルプスへの入口の1つです。大井川下流とは接岨峡という10km以上続く渓谷によって隔てられています。今，大井川の下流からこの地域に行くには，SLで有名な大井川鐵道で隣町の千頭というところまで行き，そこから車両の小さいトロッコ列車に乗り換え，深山の中を行かなければなりません。このような，山中の集落だからということもあるのでしょうが，言語の島と言われるほど，周辺の言葉と異なる点が多く見られます。また，民俗学的な点でも興味深いところです。ここにお住まいの方々，特に年配の方々からは，今まで聞いたことのない話，また知識としてだけ知っていたような話を，ご自身の経験談としてうかがうことができます。たとえば，このような話です。

　井川は山に囲まれていて，昔から木材の産地として有名で，江戸時代有名な紀伊國屋文左衛門も買い付けに来たところです。では，その木材をどのように運び出していたのでしょう。道はどこへ出るにも山を越えなければなりませんが，自動車はなく道路も整備されていません。となると，川を利用することになります。川を使って木材を運搬する方法としては，いかだが考えられま

す。ところが、大井川は非常な急流の上（今では多くのダムが造られ、かつての姿は見られませんが）、曲がりくねった川なので、いかだを組んで下ることができません。

**井川での調査の様子**

そこで、「川狩り」という方法がとられます。これは、山中で切った木を所々で集め、最後にまとめて川に流すというものです。しかし、川に流しておくだけでは、木はあちこちの川岸に打ち上げられ、また途中で止まってしまうこともあります。そこで、木を流すときには、人が川沿いに下流までついて行くのです。この方法は、大井川では多くのダムができたことや道路が整備されたことで、昭和30年代頃には行われなくなりました。

　井川の調査では、ご協力いただいた方から、このような木材の伐採から川狩りまでのお話をうかがうことができました。想像するだけでも大変な仕事をだということが分かります。この方は焼き畑も行っておられ、山の中で暮らすということの大変さそして醍醐味を知ることができました。

　このように、全国各地で、自分が体験できなかった、また想像もしなかった話を聞くことも調査のたのしみの1つです。

（木川行央）

# ■執筆者一覧 (50音順)

**青砥清一**（あおと・せいいち）〈担当：ペルー共和国〉
神田外語大学外国語学部イベロアメリカ言語学科准教授（スペイン語専攻）

**小野塚和人**（おのづか・かずひと）〈担当：オーストラリア連邦〉
神田外語大学外国語学部英米語学科講師

**春日　淳**（かすが・あつし）〈担当：ベトナム社会主義共和国〉
神田外語大学外国語学部アジア言語学科准教授（ベトナム語専攻）

**木川行央**（きがわ・ゆきお）〈担当：日本〉
神田外語大学大学院言語科学研究科教授

**小坂貴志**（こさか・たかし）〈担当：アメリカ合衆国〉
神田外語大学外国語学部英米語学科教授

**ゴンサレス，シルビア**（González, Silvia）〈担当：メキシコ合衆国〉
神田外語大学外国語学部イベロアメリカ言語学科教授（スペイン語専攻）

**高木　耕**（たかぎ・こう）〈担当：ブラジル連邦共和国〉
神田外語大学外国語学部イベロアメリカ言語学科准教授（ブラジル・ポルトガル語専攻）

**高橋清子**（たかはし・きよこ）〈担当：タイ王国〉
神田外語大学外国語学部アジア言語学科教授（タイ語専攻）

**花澤聖子**（はなざわ・せいこ）〈担当：中華人民共和国〉
神田外語大学外国語学部アジア言語学科教授（中国語専攻）

**林　史樹**（はやし・ふみき）〈担当：大韓民国〉
神田外語大学外国語学部アジア言語学科教授（韓国語専攻）

**舟田京子**（ふなだ・きょうこ）〈担当：インドネシア共和国〉
神田外語大学外国語学部アジア言語学科教授（インドネシア語専攻）

**松井健吾**（まつい・けんご）〈担当：メキシコ合衆国〉
神田外語大学外国語学部イベロアメリカ言語学科講師（スペイン語専攻）

**皆川厚一**（みながわ・こういち）〈担当：インドネシア共和国〉
神田外語大学外国語学部アジア言語学科教授（インドネシア語専攻）

**柳沼孝一郎**（やぎぬま・こういちろう）〈担当：ユカタン半島とカリブ海域／グアテマラ共和国／チリ共和国〉
神田外語大学外国語学部国際コミュニケーション学科教授

**矢頭典枝**（やず・のりえ）〈担当：カナダ〉
　神田外語大学外国語学部英米語学科准教授
**吉野朋子**（よしの・ともこ）〈担当：ブラジル連邦共和国〉
　神田外語大学外国語学部イベロアメリカ言語学科講師（ブラジル・ポルトガル語専攻）

知っておきたい
環太平洋の言語と文化　　NDC 809 / vii, 153 / 19cm

2016年5月1日　初版第1刷発行

[編　集]　神田外語大学
[発行者]　佐野 元泰
[発行所]　神田外語大学出版局
　　　　　〒261-0014 千葉県千葉市美浜区若葉1-4-1
　　　　　TEL 043-273-1481
　　　　　http://www.kandagaigo.ac.jp/kuis/press/
[発売元]　株式会社ぺりかん社
　　　　　〒113-0033 東京都文京区本郷1-28-36
　　　　　TEL 03-3814-8515
　　　　　http://www.perikansha.co.jp
[装　幀]　鳥居　満
[印刷・製本]　藤原印刷株式会社

Ⓒ 神田外語大学, 2016
ISBN978-4-8315-3008-0　Printed in Japan